ANTES Y DESPUÉS DE MI CÁNCER

Minor Solís Chavarría

*Este libro fue inspirado por Dios
para mi familia y para todos los que
están luchando por su vida.*

Derechos reservados

Ingresos y órdenes de compra

Los ingresos generados por esta obra serán utilizados para ayudar a otros pacientes y sus familias.

Si no puedes costear el libro, o por el contrario, si representas una corporación, asociación u otros, puedes contactarme para coordinar órdenes de compra al correo MinorSolis@gmail.com.

Web: https://minorsolis.com/
ISBN: 978-9968-49-363-5

Estados Unidos de América y Costa Rica. Versión 190328-1

CONTENIDO

INTRODUCCIÓN

Aquí voy a tratar múltiples historias, todas vividas desde los ojos de una misma persona. Mi propia experiencia. Este libro no es como esas películas, que inician diciendo que los hechos o sus personajes pudieron ser alterados; aquí va todo, tal cual lo he vivido yo mismo. Sin poses. No me juzguen.

Este libro se sitúa durante el tiempo que me tocó cruzar un puente lleno de dolor, incluso sin desearlo, pero que, conforme avanza, me voy dando cuenta que ha sido mi mayor bendición. Ese puente unió el antes y el después de mi vida.

Como me dijo sabiamente uno de *"mis"* doctores que tanto aprecio, el señor Alejandro Blanco:

"El futuro es incierto".

Solo Dios, mediante el tiempo, dirá lo que está por venir, sin embargo, al día de hoy, tengo un fuego interno, que me obliga a dedicar muchas horas a escribir esto, con la única esperanza de ayudar.

Quizá estas sean las palabras que alguien más necesita leer o quizá sea la chispa que encienda un fuego interno, apagado por el sufrimiento.

No tienen idea, lo que necesité de estas letras, cuando pasé por esos momentos, así que lo hago también para mí mismo, como una terapia de autoayuda. Mi estilo de vida siempre fue *"perfil bajo"*, sin que me notaran. No me veía escribiendo públicamente y menos describiendo cosas tan íntimas, pero eso es lo hermoso de la vida. Es impredecible y mágica. Así que aquí estoy.

Cada vez que escribo sobre mi experiencia, lo hago pensando en mi familia y personas que me conocen. Publicarlo no estaba planeado, así que, si no me conocen, traten de sentir lo mismo y ver lo mismo.

Espero que puedan imaginarse conmigo mis historias, así como esas cámaras que usan algunos motociclistas en sus cascos, imaginen que ustedes pueden ir ahí arriba en mi cabeza, viendo las imágenes, como yo mismo las viví.

Deseo poder transmitirles las emociones, que he vivido durante este tiempo, que puedan sentir el puñal, que me traspasó el corazón, cuando creí que sería la última vez que vería a mi esposa y a nuestras hijas. Que escuchen la piel donde se corta y hasta huelan la sangre, que brotó de mi herida, cuando acepté el riesgo de morir de un *"paro cardiorrespiratorio"* durante mi cirugía.

Si no fuera por esa experiencia, este libro no existiría, yo no habría vivido tanto en poco tiempo y, posiblemente, hoy andaría por la vida con un corazón de plástico, sintiendo emociones solo por cosas materiales o bien solamente por nuestras hijas o mi esposa, sin nada más que dar a los demás. Ojalá que abrirme así, les ayude en su diario caminar.

GUÍA PARA COMPRENDER EL CONTEXTO

Algunos detalles, que suenan a muletilla o incluso exageración, es posible que no lo sean, como por ejemplo, cuando dije: *"yo escribo para mi familia y personas que me conocen"*.

Para que vean que es cierto, les doy un ejemplo: si este documento fuera para el sin número de personas, que no me conocen o para quienes no están pasando ahorita por la enfermedad, posiblemente iniciaría en *"Mi historia cronológicamente"*, para poder darles un resumen.

En lo único que mentí, fue en una letra del título. No es de *"mi"* cáncer, sino más bien, de **nuestro** cáncer (*era un poco largo*). ¿Ustedes creen que me enfermé solo yo? La enfermedad fue una bomba, que cayó sobre mí, pero su onda expansiva, hirió gravemente a las personas que más amo.

Si usted es paciente de cáncer o conoce a alguno, es referido de algún amigo del amigo, está ahorita internado en el hospital o simplemente no conoce mi historia y tiene interés en saberla rápidamente, le podría interesar iniciar por ahí (*"Mi historia cronológicamente"*). Todo está ordenado por título en las siguientes páginas.

De igual manera, si desea iniciar el libro en orden, también tendrá sentido. Es solo cuestión de gustos.

Finalmente, incluso para quienes más me conocen, incluí artículos que nunca habían visto, algunos eran muy privados y me daba pena, pero pienso que sirven para un bien mayor, así que ahí van, sin maquillaje.

Este libro está dividido en tres partes principales.

- Inicia contándoles mi historia en detalle. Lo que viví, lo que vi, lo que sentí, hasta la salida del hospital.
- Seguidamente, ignora el cáncer y se va más atrás en el tiempo, para poder darles un regalo. Quiero mostrarles cómo recuperé mi salud (*hasta el día de hoy*) y lo importante que ha sido, alcanzar mi peso saludable.
- Finalmente, el libro cierra con los artículos, que escribí para explicarle a mi familia, por lo que estábamos pasando.

Nota curiosa: Si les llama la atención que antes de nombrar algún profesional, uso las comillas en el "*mi*", es porque lo hago con dos sentidos: el primero es bromear con ese término medio presumido de referirnos a ellos, como: "*mi*" doctor, "*mi*" abogada... Pero el segundo, es porque, en mi corazón, si son "*míos*". Me salvaron la vida.

A todos y cada uno de ellos, les estaré eternamente agradecidos. Como le dije a "*mi*" neurocirujana favorita, también se los digo a todos: *"Sé que no podré jamás retribuirles personalmente tanto amor. Pero este libro es mi manera de hacer por otros, lo que ustedes hicieron por mí".*

Algunos profesionales en salud, con los que he conversado sobre este libro, me han expresado su esfuerzo constante para ponerse siempre en los pies del paciente. Sin embargo, también nosotros, pacientes, tenemos que ponernos en los de ellos. Hoy en día, vemos como las "*noticias*", incentivan a las personas a demandar y a denunciar a los profesionales en salud. Estoy seguro que, en algunos casos, será necesario, sin embargo, no cometamos el error de hacer pagar a la mayoría, por los de la minoría.

Nosotros y nuestros doctores tenemos una meta en común, que se llama: *"nuestro bienestar"*. Hagamos un equipo con ellos para salir adelante, si es la voluntad de Dios.

EL "PERRO FLACO"

Cuando era niño, teníamos, en el barrio, una pandilla de amigos, tanto para jugar como para hacer travesuras, o como decimos aquí, *"jalarnos tortas"*. Ahí estábamos Jose Manuel, Juan Luis, Alfredo, Manuel, Braulio y un servidor, aunque había más participantes ocasionales.

A pesar de ser niños, recuerdo que había un concepto muy claro, socialmente entre nosotros, y era el del *"perro flaco"*. Ser el *"perro flaco"* del grupo significaba ser el último o el más débil, por decirlo de alguna manera.

¿Adivinen quién tenía menos años en el grupo? Para servirles. Eso fue otra de las cosas, que me caracterizó a mí, durante mi niñez, principalmente, siempre jugué con niños que eran, al menos, dos años mayores, así que, aunque no se notara, tenía que esforzarme mucho más para estar a nivel.

Por decir algo, imaginemos que *"supuestamente"*, un niño se encuentra bajo una pila de lavar ropa color roja, un montón de hojas de papel periódico. Entonces se le ocurre una *"idea"* y va a la gaveta de la cocina, donde su mamá guardaba los fósforos. Se reúne con el grupo, comparte lo que tiene y la idea evoluciona. *Supuestamente*, como a los 50 metros de su casa, hay una cerca de ciprés seco, fuera de la casa de don Lico. *Supuestamente* entre todos llenan la cerca de papel periódico y algún otro enciende el fuego.

Al contarles esta intimidad, tengo que aclarar dos cosas: la primera es que espero que esa causa, sea como la de un conocido expresidente de Costa Rica cuando vino finalmente a dar la cara, es decir "*ya expiró*". La segunda es que usé la palabra "*supuestamente*", para los efectos legales.

El "*perro flaco*" de ese tiempo era el más débil, usualmente el más lento y era frecuente que cargaba con las consecuencias de los actos de los demás. No nos decíamos así, era un concepto implícito. Yo uso ese nombre, tomándolo del dicho: "*al perro flaco, siempre se le pegan las pulgas*". En esa intimidad, que les acabo de contar , no recuerdo quién fue, pero no fui yo.

Obviamente hablo de un período de mi niñez, que quizá empezó por los seis años y que fue "*evolucionando*", incluso hasta llegar a la mayoría de edad. Por lo tanto, fue un periodo muy dominante y muy largo.

Cuando corríamos, el *perro flaco* era el último. Cuando jugábamos baloncesto, el *perro flaco* era el más malo y así muchos ejemplos.

De las peores cosas a nivel social, que me podrían pasar en ese tiempo, era ser el "*perro flaco*" en cualquier situación. Así que siempre traté conscientemente de no serlo. No me refiero a hacer cosas malas y cargarlas a otros, sino más bien a no ser el más débil, principalmente, y si lo era, no ser expuesto socialmente.

En el colegio, fui bachiller de honor; en la Universidad, tuve títulos de primer promedio prácticamente todos los años. Les cuento otra intimidad, nada de eso fue por "*inteligente*", sino por miedoso. Por el miedo extraño que tenía en mi cabeza de ser el "*perro flaco*".

Cuando estaba en la escuela, específicamente en cuarto año, recuerdo que, en un examen de ciencias, en donde el tema eran los glóbulos rojos, blancos... me saqué un 35 de calificación, que era lo de menos, el verdadero problema para mí fue lo que hizo mi maestra.

Recuerdo que doña Marjorie, una maestra excelente pero muy

estricta, me pasó al frente cuando estaba entregando los exámenes y dijo estas palabras que jamás olvidaré: "*¿Diay Solís, en lugar de estudiar qué estaba haciendo usted, cazando pájaros?*". Recuerdo claramente las risas de todos mis compañeros.

El impacto que esa experiencia tuvo en mí fue tan fuerte que me juré, siendo incluso un niño, que jamás nadie se reiría de mí de esa manera. Así como, en este libro se narra mi enfermedad, compartiendo algo que cambió mi vida para siempre, esa experiencia de mi niñez también lo hizo.

Me entrevistaron para la revista de la Universidad cuando había ganado un premio nacional y recuerdo que conté esta misma historia y el impacto que tuvo en mí. No era un "*verde*" por inteligencia, sino porque me esforzaba exageradamente y todo por el miedo tan increíble que tenía a ser el "*perro flaco*".

El hospital, entre muchas cosas, me enseñó que, a veces, tenemos que tomar la decisión de ser el "*perro flaco*". Para los que lo han sido varias veces en su vida, les traigo una esperanza y otra forma de verlo también. Se llama caridad.

¿Ustedes creen que no soy consciente de lo que le pasa a quien expresa públicamente sus creencias o sus experiencias? Como dicen: "*el que se lanza a redentor, termina crucificado*". Pero estoy escribiendo esto y sigo de terco, sabiendo que ayudará a muchos, pero también que otros tendrán un buen material para decir: "*¿Ese no era aquel, que hasta de Dios habló en el libro?*" o quizá también otros que se pregunten: "*¿Porqué hace tanta bulla, qué es la lloradera?*". Sé que sucederá, porque yo siempre fui así.

Hoy en día, le sigo teniendo miedo a ser el "*perro flaco*". Al parecer Dios lo sabe y le gusta jugar conmigo en ese sentido. Pero me ofrecí como instrumento para que otras personas, que están pasando por esos momentos tan oscuros, encuentren luz.

Estoy seguro que esto ayudará a otras personas porque se necesita esperanza en grandes cantidades. En los hospitales y en las familias de los pacientes, se necesita más esperanza que medicamentos. Estoy escribiendo esto y también sé que debo tomar un micrófono o hablar públicamente. Decir lo que siento y pienso cuando he preferido quedarme *"calladito más bonito"*, porque soy parte de algo más grande.

Cuando estaba en recuperación, yo sabía que tenía que contar mi historia pero no me atrevía, porque empezaba en un diálogo interno con frases como: *"yo no soy digno de hablar así y menos de espiritualidad"*. La espiritualidad, para mí, siempre había sido como un *"adorno"*.

En ese tiempo, una amiga muy querida, que se llama doña Lilliam, sembró, en mí, la duda con la historia de San Pablo, quien me ganó porque estuvo al frente de la cacería para matar cristianos. No es ser conformista, pero después de la historia de San Pablo, cualquiera de nosotros puede dar un mensaje de paz y amor.

No se confundan, en este libro no hablo de mi religión, ni de ninguna otra. La religión que cada quien profesa, o incluso si no cree en nada, es su propia decisión y yo respeto al ser humano. Esta es mi historia compartida desde mi óptica, pero es importante que sepan que no hablo de lo que nos divide, sino de lo que nos une.

Respeto profundamente las creencias de los otros, así que sigan adelante con la lectura sin ningún problema. Tengo la bendición de tener buenos amigos en muchas de las grandes religiones del mundo: cristianos, judíos, musulmanes, hindúes, bahá'ís... incluso amigos cercanos que no profesan ninguna.

Si ustedes tienen algo para juzgarme, están en el lado equivocado del árbol, porque no es a mí, es al mensaje.

Espero que no sean tan rudos conmigo, solo porque hice un *"negocio"* con Dios y tuve que responder con un *"¡YO!"*, la pregunta del pelotón de fusilamiento social: *"¿Quién quiere dar un paso al frente?"*.

LA ESTADÍSTICA DE MI CÁNCER

Según la Fundación CERN (Red Colaborativa de Investigación de Ependimomas), diagnosticar a una persona con un ependimoma es sumamente raro. Ahora bien, que esa persona sea un adulto masculino de 37 años con ese tipo de cáncer en la médula espinal es exageradamente más raro.

Para ponerlo en números, en los Estados Unidos, se diagnostican unos 1,300 ependimomas en general por año, eso parece mucho, pero, en una población de 327 millones de personas, significa una probabilidad de 0.0004%. Yo, al ver esa cifra, diría 0% de una vez. Si ese número no tiene sentido, se lo pongo así, yo tenía tres veces más probabilidades de pegarme la lotería navideña con todo y serie, en vez de ser diagnosticado.

Más adelante, les voy a contar porque no creo en las casualidades, sin embargo, a esa estadística, tengo que restarle que la mayoría son en el cerebro y el mío fue en la médula; la mayoría son en otros rangos de edad (*especialmente en niños*), en fin, de hecho, según entendí, el ependimoma mixopapilar, que fue específicamente el mío, es un tumor sumamente poco frecuente en comparación con los demás del sistema nervioso central.

Mejor no sigo, porque con base en los números, voy a terminar pensando que todo fue un sueño. No es broma, me acabo de tocar la espalda para ver si la herida sigue ahí.

Tampoco se tienen datos sobre la causa, es decir, si tomamos por ejemplo el de pulmón, sin ser muy científico, uno puede asociar que una persona fumadora tiene mayores posibilidades, sin embargo en el mío, no se sabe exactamente. Los datos, que encontré, solo apuntan a que están en la búsqueda de factores de riesgo.

El punto al que quiero llegar con esto, es explicarles que, a pesar de que me gané la rifa sin comprar el número, hay algo para lo cual sí tenía más de medio talonario ya comprado y era **mi sobrepeso**.

Mi sobrepeso y, más aún, mi estilo de vida, me mantenía enfermo y totalmente envenenado todos los días. Sinceramente llegué a pensar que sentirme así de mal, *"era normal por mi edad"*. Es decir, tenía que buscarle una explicación lógica y, como nunca me había cuestionado mi estilo de vida, tenía que ser la edad.

Cuando caí en la cuenta de las posibilidades de padecer una enfermedad crónica, tan enormes que tenía, estando con sobrepeso, desperté y pude ver una nueva prioridad en mi vida. A todos nos asusta el cáncer, pero es peor el sobrepeso. Es mucho más común y creemos que eso *"está bien"*.

Las enfermedades crónicas se han vuelto tan comunes, que son como las gripes, el día que no las veamos, nos empezamos a preocupar porque algo no anda bien. Me refiero a enfermedades como: hipertensión, diabetes, migraña, artrosis, respiratorias...

¿Cómo llegamos a ese punto? Es decir, no quiero aceptar como *"normal"* que, a mi edad, voy a padecer ese tipo de enfermedades porque *"así es con todo el mundo"*. Hoy en día, si un adulto mayor corre una carrera recreativa o anda en bicicleta, le caen los noticieros porque esa no es la norma, sino la excepción.

Cuando veo que mi familia, mis amigos, las personas que más amo corren también ese riesgo, así como una enorme cantidad de vecinos, conocidos, compañeros de trabajo... me nace un deseo genuino de hacer algo al respecto.

Pero, ¿puedo hacer algo yo, hablando de salud, cuando ni siquiera soy médico? Bien, este es mi intento por hacer conciencia, exponiendo mis propios errores y aciertos, riéndome de mí mismo, para poder llevarles un mensaje lleno de amor. Yo receto esperanza...

Esto no es un libro médico, es uno que cuenta mi historia después de hacer conciencia (a la fuerza) sobre la importancia que tenía mi salud, no solo para mí mismo, egoístamente, sino para mi esposa, para nuestras hijas, nuestra familia...

Yo pude ver el sufrimiento en los ojos de mis familiares cuando me visitaron en el hospital, eso me quedó grabado y lucho cada día por darlo todo, para no volver ahí, a menos que sea Dios quien así lo decida.

PRIMERA PARTE

* * *

Para los recién diagnosticados

LA ETAPA DE INCONSCIENCIA

Cuando tengo que ir a un lugar nuevo, especialmente fuera del país, me gusta buscar en internet, artículos, videos y fotos de ese lugar, para tener una idea de cómo será la llegada y lo que tendré que hacer. Así que aquí va mi intento por darles un resumen previo, de lo que viví después de mi diagnóstico. A pesar de que cada historia es diferente, puede que existan momentos con los cuales se identifiquen.

> *Idea #1: Si ustedes no han tenido un diagnóstico de una enfermedad "grave", espero que les sirva como base por si el día de mañana (Dios no lo quiera) les llega o bien si llega a través de algún familiar cercano.*

Tres semanas antes de mi diagnóstico, estaba totalmente desconectado de *"mi mundo"*. Quiero decir, estábamos en Europa. Era algo que, hacía mucho tiempo deseaba, todos como familia nos esforzamos mucho por poder alcanzarlo. Era un sueño construido en mi cabeza, principalmente, así que al poder cumplirlo, estaba totalmente distraído de mi realidad.

Pensaba en las fotos, en lo que aprendimos, en los lugares que visitamos, en las personas que conocimos, en los sustos que pasamos y hasta en las nuevas palabras que aprendí de otros idiomas. Tenía material de sobra para distraerme. Estuvimos allá casi un mes, así que hasta mi francés e italiano venían afinados.

¿Cómo me di cuenta?

Para mí, sí fue cierta la frase esa de: *"como un ladrón en la noche"*. Así apareció mi diagnóstico, el vuelo de regreso desde España hasta Costa Rica tardó como 12 horas y la mayoría de estas las pasé mal sentado, incómodo, alzando a nuestras hijas o buscando cómo dormir. Sé exactamente cuál fue el momento cuando empezó el dolor en mi espalda, pero, obviamente, creí que era un dolor normal.

En los siguientes días, el dolor empezó a crecer. Yo soy de la idea de *"esperar"*, es decir, no salgo corriendo al médico con el primer síntoma, así que eso hice, hasta que ya no pude más. El dolor era en la parte posterior de mis piernas, en las nalgas también y se pasaba de una pierna a la otra. Hacía cosas sin sentido, por ejemplo, recuerdo una vez, que estaba recostado en la cama descansando, y los músculos de una de mis piernas empezaron a contraerse con mucha fuerza, como si hiciera ejercicio. Después se pasaba a la otra pierna.

> *Idea #2: Quiero explicarles que es posible que vean los momentos previos al diagnóstico como el "peor de los momentos", sin embargo, no existe tal cosa como el "mejor de los momentos". ¿No sé si me explico? Si ustedes acaban de recibir el diagnóstico y justo tenían este plan o el otro, no se preocupen por eso. Hay un plan más grande que acaba de iniciar.*

Fuimos a Ortopedia pensando que era solo una inflamación, afectando el nervio ciático y de ahí, me enviaron a hacerme una radiografía (*que no arrojó nada extraño*) y una resonancia magnética.

Mientras me hacía la resonancia, yo estaba con el mejor humor del mundo. Conversaba con la joven encargada, le hacía bromas a mi esposa, en fin, estaba bien desconectado del mundo (*como debe ser en esos momentos*).

Cuando terminó el examen, ella se puso un poco seria. Así que yo continué con buen tono preguntándole: *¿se ve la ciática ahí?...* Ella en un tono serio y muy profesional me dijo:

-     *El reporte lo realiza el especialista hoy y se le envía mañana al correo. Sí sería bueno que su médico lo vea cuanto antes.*
-     *Un segundito, le dije yo. ¿Es algo serio?*
-     *No quiero que se preocupe antes de tiempo, vaya tranquilo y espere el reporte.*

Después de eso, mi esposa y yo nos fuimos para la casa normalmente, aunque con un sentimiento de duda. Sin embargo, al llegar a mi casa, me olvidé por completo de esto, hasta el día siguiente.

Estaba en medio de una reunión del trabajo, cuando vi la notificación del correo electrónico entrante. Así que lo recordé y lo abrí de inmediato.

> *Idea #3: Si la vida les da un golpe duro como este, sepan que aquí empieza un momento de confusión total. Lo pueden imaginar como un buen golpe, con un tubo de metal en la cabeza, (incluso más fuerte), porque el golpe físico una hora después ya ha cambiado. El diagnóstico es un golpe, que dura mucho tiempo, y que nos descompensa como seres humanos.*

Después de abrir y leer ese mensaje, terminó una etapa e inició otra. Terminó la etapa de **Inconsciencia** e inició la de **Confusión**.

LA ETAPA DE CONFUSIÓN

Si ustedes son médicos, van a tener una enorme ventaja en este punto. Yo no sabía absolutamente nada del tema, ni comprendía en lo más mínimo lo que decía el reporte, solo recuerdo las palabras: lesión, médula y ependimoma.

Terminé abruptamente mi reunión, copié lo que consideré que era mi diagnóstico y lo puse en el buscador de internet.

"*¡A los diablos!*", todo lo que salía era terrible. Cerré mi computadora de inmediato y me dije: "*Un momento, Minor, tranquilo. Aquí estoy y solo me duelen las piernas. Todo esto debe tener una explicación*".

Intenté llamar al doctor de Ortopedia pero no pude hablar con él en ese momento, así que me metí a bañar para ver si se me aclaraban las ideas (*trabajo desde mi casa, por eso puedo estar en reuniones sin bañarme*).

> *Idea #4: Buscar en internet es una opción válida, sin embargo, en esta etapa estamos tan confundidos, que podemos caer en el error de ver información, que no tiene absolutamente nada de relación con nuestro padecimiento. Es decir, especialmente si ya fueron diagnosticados, esta es una etapa de confiar más que de investigar.*

Cuando salí del baño, tenía tres llamadas perdidas del ortopedista, el señor Randall Alvarado, una excelente persona. Lo llamé de regreso y me dijo: "*Don Minor, eso no es de mi área, sin embargo, aquí hay un especialista en Neurocirugía que quiere hablar con usted de inmediato".*

¡Bom! Otro golpe fuerte, eso no me suena nada bien. Mi sobrino Brandon y mi esposa me acompañaron hasta el consultorio del doctor.

Ese jueves 18 de enero del 2018 empezaría *"formalmente"* este camino que hoy (*mientras escribo esto*) sigo transitando. Por cierto, tema curioso, hoy es domingo 13 de Enero del 2019 mientras escribo estas líneas, es decir, casi un año después.

De Ortopedia a Neurocirugía

El neurocirujano (*creo que se llamaba don Neils*), nos recibió de inmediato, sumamente amable y profesional. Nos ayudó de manera incondicional y humana, literalmente ni siquiera nos cobró la consulta.

Empezó por saludarnos y explicarnos, poco a poco, lo que el diagnóstico significaba. Yo seguía sin entenderlo, es decir, mi cerebro estaba totalmente cerrado. Entonces, encendió su pantalla y empezó a proyectar en grande las imágenes de mi resonancia. Mientras yo no podía entender bien, él tomó incluso un lapicero y me dijo: *"Esto que sale aquí es su tumor".*

Yo solo veía un montón de manchas. Mi cabeza me decía que, a lo mejor, se estaban equivocando porque no era tan claro, acaso la máquina entró en mi cuerpo, además, las fotos ni siquiera eran a color.

Para mí, eran solo un montón de manchas en blanco y negro. Lo mismo pasaba con las palabras del doctor, por más que me explicaba, no le entendía nada. ¡La médula!, yo en ese tiempo ni sabía que tenía médula…

La doctora Susana Perera se ganó el título de *"mi"* dermatóloga favorita, entre otras cosas, por extenderme su ayuda y operar a mi papá, en un momento de mucha tensión para mí. Tanto así, que recuerdo que le dije a mi esposa una vez: *"Amor, como me gus-*

taría que ella fuera doctora de todo, para ir solo donde ella ante cualquier cosa".

Si algo me han enseñado *"mis"* doctores, es que no solo se cura un paciente con cirugías y medicamentos, sino también, con el calor humano.

Ella me contó una historia de una paciente que tenía en el hospital.

Una señora adulta mayor, a la cual, ella le extendía notas por escrito para evitar que las olvidara, hasta que un día descubrió que no sabía leer. Ese ejemplo es igual a lo que a mí me pasó durante el diagnóstico. Por más increíble que pareciera, yo no sabía dónde estaba mi médula, ni tampoco qué era.. Solo traté mentalmente de bloquear todo como una forma de defensa personal.

Pongamos de ejemplo que era un boxeador. Metafóricamente, hasta el momento, tenía la cara hecha pedazos, me salía sangre hasta de las orejas. Estaba en palabras coloquiales, *"hecho mierda".* Pero tenía que venir la estocada final.

Pensamientos de negación

Mientras el doctor hablaba, mi mente se movió a otro lugar. Estaba tratando de buscar calma. Fue como si le bajara el volumen a la voz del doctor y a todo el sonido ambiente. Lo veía a lo lejos moviendo la boca y de repente podía escuchar mis pensamientos.

Las ideas mágicas

"¡Linda! Ahora sí vamos a pensar cómo salir de esto", me dije a mí mismo. Empezó mi autoanálisis, veamos (*decía yo en mis pensamientos*), estoy feo, es decir, tampoco vamos a ocultarlo, pero me están haciendo mucha bulla. De repente mi cerebro recordó cuando a mi esposa la operaron con laparoscopía. *¡Que belleza Minor, por Dios así me gusta papi, qué prestancia, qué capacidad!*

La **Laparoscopía** es una técnica que usa un equipo médico especial y es como un tubo delgado que tiene al final una cámara. Por lo tanto, una idea muy clara llegó a mi cabeza: *"Solo hacen una perforación mínima, entran con eso, succionan el tumor y aquí no ha pasado nada. ¡Tranquilo, viejo, ya lo tenemos! Dejemos que el doctor termine de decir todo eso y le enseñamos cómo sacarme esta "cosa" del cuerpo"*.

El doctor terminó de hablar, yo le di mi idea mágica y ahí la estocada final; un *"knockout"* tan fuerte, que estoy seguro que el sonido de mi mente cuando se quebró en pedazos, lo escucharon en los demás pisos del hospital.

El doctor tenía, en su oficina, una columna vertebral a escala, así que con calma se inclinó, la tomó, la puso sobre su escritorio y me dijo varias palabras, pero solo escuché: *"Es necesario cortarte desde aquí hasta aquí, para entrar a tu médula"*...

A partir de ahí, fue como cuando intento ver un video en el celular con pésima señal de internet, solo veía una imagen borrosa, un círculo que daba vueltas y unas letras diciendo: *"cargando... espere un momento"*.

No recuerdo nada más del procedimiento, se me cerró el oído y el pensamiento. Cuando volví en mí, solo escuché: *"vayan de inmediato donde mis colegas del Hospital México"*.

LA ETAPA DE DUDA

No sabíamos si me iban a atender o no. El doctor nos dijo que lo mío no era un asunto de meses, ni siquiera de semanas, era a lo mucho de días. Ahí empezaron a salir las dudas como si fueran avispas, ¿Nos irán a atender? ¿Qué pasa si nos dejan esperando toda la noche? ¿Tendrán algún especialista ahí que sepa de esto? ¿Ocuparé una referencia?

No recuerdo cómo salimos del consultorio, pero sí que antes de llegar al parqueo, me desplomé en los hombros de mi esposa diciendo: "*¡No quiero morir, no me quiero morir!*". Sufrí de verdad.

> *Idea #5: Si ustedes están pasando por esta etapa, busquen compañía. No imagino lo que sería de mí si estuviera solo en esos momentos, lloren con ganas, no importa donde estén, es natural. No es tiempo de hacerse el "superman", es tiempo de comprender que también somos frágiles y que no somos eternos. Sin embargo, también es tiempo de comprender que como yo, hay muchas personas que han salido adelante. Así que no pierdan la fe.*

Comunicarlo a los seres queridos

Regresamos a la casa por unos papeles y me tocó hablar con mis papás. Sin anestesia, les dije lo que yo entendía del diagnóstico, muy clara y sinceramente. Nunca he sido de ocultarles cosas y no iba a empezar ese día.

En ese tiempo, yo no sabía nada del cáncer, es decir, solo me habían hablado de un tumor pero la palabra cáncer nadie la había mencionado. Así que, después de hablar con mis padres, fui a mi oficina con mi esposa y le mostré rápidamente cuál era la clave de las cuentas del banco y demás. Ella me decía que eso no era importante, pero sí que lo era. De inmediato, nos fuimos directo al hospital.

Cuando llegamos a emergencias, vino otro golpe que me quebraría en pedazos nuevamente.

El recuerdo de mi abuelo

Mi abuelo paterno fue muy cercano a mí. Crecí en una casa al lado de la suya, así que estuvo presente toda mi niñez y adolescencia. Mi abuelo sufrió un derrame cerebral, cuando yo estaba pequeño, así que todo el tiempo, del que yo tenía recuerdo, él estaba siempre en la casa, sentado en una silla reclinable que usaba, porque tenía paralizada la parte izquierda de su cuerpo.

Fue para mí un amigo muy cercano, tanto así que, cuando aún estaba estudiando en la Universidad, gané un Premio Nacional, que se llamaba "Reto a la Excelencia" y gracias a eso, me ayudaron a enviarme fuera del país a estudiar y trabajar. En ese momento, yo también trabajaba en la Universidad, así que tuve que presentar mi carta de renuncia. Me iba para Chipre, en Turquía por dos años.

En ese tiempo, mi abuelo me dijo una frase, que me hizo cambiar de planes inmediatamente: *"si usted se va, jamás nos volveremos a ver"*. Él tenía razón; mi abuelo falleció un año después.

Confié en las palabras de mi abuelo y cancelé todos mis planes. Mi jefe en ese tiempo (Pedro Salom), me brindó su apoyo, rompió la carta de mi renuncia y me dijo: *"Minor, aquí no ha pasado nada"*.

Seguí adelante con mi vida *"normal"*, sin embargo, un evento importante de nuestra vida, que queda inconcluso, es como sonrojarse ante una vergüenza: no se controla con la mente.

Yo había ido al Hospital México solamente una vez, precisamente la última vez que vi a mi abuelo, agonizando en Emergencias.

Cuando llegamos a Emergencias, me bajé del carro medio desorientado y vi la entrada. De repente mi cabeza conectó los puntos y recordé que ahí fue donde había visto por última vez a mi abuelo. Ahora me tocaba a mí.

Hacer "check-in" en el hospital

Entramos (*a como pude*), dejé mi identificación y nos llamaron de inmediato para evaluación. Explicamos lo que estábamos pasando al médico y trató de consolarnos. Me contó que él tuvo un familiar, con algo similar y que, después de la operación, *casi hasta pudo volver a caminar*. Suave, un momento decía yo, *¿por qué me insinúa que, si me va bien, no volveré a caminar?*

Las emergencias reales se atienden de inmediato

Terminamos la evaluación y dijo que nos tocaba esperar afuera de Emergencias. Literalmente, no me dio tiempo ni de sentarme, cuando me llamaron y me pasaron adelante. Me hacían preguntas y más preguntas, a las cuales, era mi esposa quien contestaba. A mí "*se me iba la señal*" a cada rato.

A pesar de que tenía los dolores físicos tan fuertes, el golpe psicológico fue tal que, por ratos, no los sentía.

> *Idea #6: Traten de confiar en Dios, háganlo aunque sea a la fuerza en estos momentos. No sé si es algo posible en esta etapa, porque yo no tuve consciencia y estaba totalmente desorientado. En esos momentos tan oscuros, recuerden: "aunque pase por un valle de sombras, no temeré, porque TÚ estás conmigo".*

La duda estaba siempre presente

Aún dentro de emergencias sentía dudas. ¿Qué pasa si de aquí me mandan para la casa? ¿Si no tienen camas disponibles? ¿Si me dan una cita para dentro de un año? Después del interrogatorio inicial, que, en realidad, es lo normal para abrir el expediente y comprender el contexto de mi padecimiento, me dieron una cama.

Un señor enfermero, del cual no recuerdo su nombre, se me acercó, con una voz muy tranquila me dijo: *"no se preocupe, todo va a estar bien, venga le tengo esta camilla para usted"*. Tiempo después recordaría lo importante que sería esa sencillez para mí. Era como escuchar a Dios hablar, mediante ese señor.

Teníamos poco tiempo de estar en la camilla, cuando me pidieron que fuera a una habitación cercana. Me bajaron el pantalón y me hicieron un tacto rectal, no se imaginan el desorden mental y emocional, que tenía en esos momentos. Incluso en el mismo desorden mental, a veces se me venían a la cabeza pensamientos llenos de humor por la situación, en realidad era como una mala película de ficción.

Con el susto no era suficiente

Unas dos horas después de estar en la camilla, recuerdo que le dije a mi esposa que me tomara una foto, porque si salía de ahí, quería recordar cómo me sentía en ese momento. Según yo, en ese punto ya mi trabajo interno estaba hecho. Es decir, con solo el susto, que me habían dado hasta ese momento, ya estaba listo para salir de ahí y no volver jamás a mi vida anterior. No tenía ni idea de lo que me esperaba.

Las personas se vuelven ángeles

Un señor llamado don Jorge, que era otro paciente con un tumor cerebral, se encargó de entretenernos contándonos todo tipo de chistes. Era muy extraño para mí, porque yo no estaba para reir, aunque algunos eran muy buenos.

Mientras avanzó la noche, recuerdo que me quedé dormido pero fueron unos veinte minutos. Cuando desperté, casi inmediatamente me dije: ¡Era un sueño! Por un segundo creí de verdad que era un sueño, pero no, era muy real.

Descompensación por inactividad

Por ahí de la medianoche, intenté ir al baño. Cabe resaltar que para este tiempo, tenía muchas horas sin comer y había estado solamente acostado en la camilla sin dormir prácticamente. Me levanté y no me sentí muy bien, pero seguí adelante, en realidad no quería que me ayudaran.

Cuando llegué vi que la puerta estaba cerrada, así que esperé afuera. Me empecé a sentir mareado y traté de regresar a la camilla, pero me descompensé de camino.

> *Idea #7: Si los internan en la noche y ustedes no tienen ninguna restricción para comer, hagan lo posible por comer algo. Cada caso es especial, pero busquen ayuda. Traten ustedes mismos de tener consciencia de las necesidades básicas que tiene su cuerpo, porque de lo contrario, van a suceder cosas como desmayos, mareos y demás, que no tienen relación con la enfermedad o el diagnóstico, como me ocurrió a mí.*

Todos están ahí para ayudarnos

En el Hospital México y, en general, puedo decir, en todos los servicios de los hospitales que he utilizado en este proceso, las personas que trabajan han sido ángeles. Todos, desde el doctor de más alto rango, hasta el enfermero o el misceláneo.

Hoy en día, no me agrada escuchar comentarios negativos y generalizados de ellos. Lo hacen sin saber lo que dicen. Sé que hay casos especiales, pero me refiero a generalizar. Yo tenía un terrible prejuicio que solo agrandó mi etapa de duda, pero ellos se encargaron de destruirlo a cabalidad. Les estoy eternamente agradecido.

En algún momento de la noche, una doctora especialista de Neurocirugía llegó a explicarme el procedimiento que me harían nuevamente y recuerdo que yo le dije: *"Doctora, cuando me hicieron la resonancia, me dijeron que no podía moverme, pero como me dolía tanto, ¿No será que me moví y por eso sale esa mancha?"*. Con cierta cara de asombro, solo me dijo que no. Esa era mi última gota de esperanza, puesta en que me enviaran a la casa por una confusión, dado que el dolor físico casi no lo sentía, posiblemente por los medicamentos intravenosos.

Hay una anécdota que sucedió con la encargada de enfermería. Cuando más lo estábamos necesitando, llegó, se descubrió su estómago y nos mostró una enorme herida, diciéndonos: *"Yo pasé por el cáncer hace ocho años. Así que manténgase positivo porque eso le sube las defensas"*.

Cable a tierra

Como dice la canción de Fito Páez, eso fue un cable a tierra. Me regresó el espíritu a mi cuerpo. La mente seguía hecha un desorden e igualmente con las emociones, pero el espíritu salió y dijo: "Viejo, *yo me encargo de esto*". No puedo decirles que después de eso todo fue felicidad, pero si les digo que me dio una razón para estar positivo. Era algo que tenía sentido médico también, así que mi mente no tuvo cómo darme más dudas.

Nunca había dado los nombres de las personas, que me atendieron y ayudaron, porque no quería que el amor y agradecimiento tan grande que les tengo, se nublara si olvidara mencionar alguno. Sin embargo, espero que sepan que cada uno de ustedes cumplió el papel que Dios les asignó conmigo, excelentemente.

Recuerdo a la doctora Carranza en Emergencias, pasa siempre de un lado para otro, tratando de velar por todos los pacientes; es de esas personas que transmiten una energía muy positiva. También ese día, posiblemente muy avanzada la noche, desde Emergencias contactaron a quien, hoy en día, de *"igualado"*, me doy el lujo de llamarla *"mi"* neurocirujana favorita, la doctora

Massiel Alvarado, quien me operó y por quien siento un agradecimiento y cariño tan grandes, que no puedo expresar con palabras. Según sus indicaciones, me operarían el siguiente martes en la mañana.

> *Idea #8: Dediquen un tiempo a ver lo que sucede a su alrededor en Emergencias, pero con calma. Sé que es algo que suena imposible, pero hagan el esfuerzo por intentarlo. En vez de personas desveladas, vean personas que están ahí por ustedes, que han dedicado una enorme parte de sus vidas a prepararse para salvarles la vida o por lo menos para darles todo lo que humanamente pueden.*

LA ETAPA DE ACEPTACIÓN

Volviendo a mi relato, esa noche en Emergencias transcurrió, ni siquiera sé cómo, pero al día siguiente me indicaron que me pasarían a un salón. Ya me habían puesto medicamentos en la vía intravenosa. Yo siempre le tuve un miedo terrible a las vacunas pero ni siquiera recuerdo, cómo o cuándo me pusieron la vía. Mientras iba de camino a mi camilla en el piso #4, recuerdo que me pusieron en una silla de ruedas porque casi no tenía fuerzas.

Veía muy borroso

Como les comenté, no había comido y había dormido muy mal. Además, después de descompensarme la noche anterior, hacía todo desde mi cama, incluso orinar, así que tampoco me había levantado. Mientras la enfermera y mi cuñada Susana me acompañaban, recuerdo que intenté leer las letras del medicamento, que me acaban de poner y no lo logré. Veía todo borroso y eso me asustó de nuevo.

La enfermera amablemente me dijo que me tranquilizara, que era por el medicamento, pero no le creí. Hay una película de Cantinflas, donde es médico y tiene un niño como paciente. Cuando los síntomas del niño empeoran, Cantinflas toma la decisión de operarlo para salvarle la vida. Pues así me sentí yo en ese momento, seguramente no veía bien porque ya el tumor también me había dañado la vista, decía yo.

Idea #9: No hagan lo que yo hice, mantengan la calma y pre-

gunten qué otro tipo de síntomas (según su enfermedad), les podrían indicar que está empeorando. De lo contrario, pensarán que cualquiera lo es.

Con vista a la ventana

Llegamos por fin a mi futura cama temporal, piso #4, sector de Neurocirugía de hombres, cama número 26, con una flamante vista a la ventana. ¡Empezamos bien! Después de *"ambientarme"* un poco, decidí intentar llegar al baño caminando por mí mismo. Mental y físicamente estaba muy débil, pero aún así llegué. ¡Linda, vamos mejorando! Sólo había pasado un día en realidad, pero así como dejé el reloj afuera, también dejé la percepción del tiempo.

Un segundo a la vez

Si era viernes, domingo, feriado o no, eso no importaba. Ahí me empecé a regir por otras leyes. Recuerdo que estaba conversando con mi esposa y me dijo: *"Un día a la vez"* y yo, espontánea e impulsivamente, le contesté: *"Un día es un lujo que no me puedo dar aquí. Vamos un segundo a vez".*

Diabético e hipertenso

Adicional a mi inesperado diagnóstico, en Emergencias, me dieron dos sorpresas adicionales: *"¡Ya estás diabético, 150 en ayunas!"* y la otra fue: *"¡Tienes presión alta!"*. Tranquilidad total en ese sentido, al lado de mi diagnóstico, la glucosa y el corazón eran solo *"accesorios"*. Además, ni siquiera entendía lo que eso significaba, ya varios médicos me había dicho que estaba prediabético, pero la presión sí era nueva.

Es tiempo de afrontar

La aceptación de mi situación empezó a asomarse poco a poco y a tranquilizar las emociones y los pensamientos. No es resignación, espero que no lo confundan, es aceptación. Es decir, las cosas son así y es hora de *"darle para adelante"*.

Idea #10: Después de toda esa locura, va a llegar el momento en que ustedes vuelvan a cierto punto de "calma". Aprovechen ese momento para cargarse de esperanza. Aquí es donde ustedes pueden ver historias como la mía o como la de miles de personas más. Ignoren su mente y aferrense a la esperanza.

LA ETAPA ESPIRITUAL

Conforme fue avanzando el tiempo internado, empecé a tener más oportunidad de serenarme. Además los compañeros, los visitantes, los enfermeros y doctores, me empezaron a entretener y distraer de la situación. Eso ayuda mucho, porque no es bueno estar totalmente enfocado, en lo que "*podría ser*" mi futuro, igual ni siquiera lo sabíamos.

Atención plena

Por supuesto en este tiempo, no conocía el concepto de "Atención plena", es decir, de estar presente al 100% en un momento dado, sin preocuparme por el futuro o el pasado. No sé cómo, pero lo hice. Estaba ahí presente, algo dentro de mí empezó a cambiar.

Conocí un humor muy particular de mi espíritu, que si no hubiera estado ahí metido, pensaría que era un humor negro y sarcástico, pero no. Eran ideas con humor, que empezaron a ayudarme a tomar la situación con más calma, con largas conversaciones conmigo mismo, hasta burlándome de mi mente e ideas anteriores…

Mi espíritu salió de su encierro

Transcribiendo un diálogo imaginario entre mi espíritu y mi mente, para darles un ejemplo, sería algo como así:

- *¿Con laparoscopía, mae?… jajaja que buena esa…*
- *Diay huevón, yo pensé que sí se podía…*

-        *Pregúntele a la doc: ¿Con un purgante lo sacamos?...*
-        *¡No seas cabrón!*

De repente, una parte de mí, que había sido muy tímida, escondida y silenciada por la violencia de una mente sin piedad y dictatorial, empezó a salir a flote burlándose de mis *"seguridades"*. Así me sucedió, es decir, no sé cómo explicarlo en otras palabras más simplistas que estas.

El espíritu es integral

Hoy en día, me gustaría tener algún tipo de máquina y medir las reacciones químicas de mi cerebro cuando es mi mente versus mi espíritu quien me dice la misma frase.

Estoy seguro que cuando lo hace mi mente, la máquina podría mostrar un montón de cortisol (*hormona que controla el estrés*) bañando mi cuerpo; pero cuando lo hace el espíritu, no. Igualmente estoy seguro que ya alguién tiene que haber investigado esto, así que no creo que esté descubriendo el agua tibia.

Cuando mi mente me decía: *"vaya preparando su currículum para San Pedro"*, yo me preocupaba exageradamente, casi no podía controlarme como ser humano, destrozaba toda mi salud emocional. Salía el miedo, la ansiedad, la preocupación...
No me lo van a creer, pero cuando mi espíritu me decía lo mismo, las emociones no se alteraban, es decir, todo lo contrario, el humor hacía salir la alegría.

El espíritu es optimista

Mi espíritu iba incluso más allá y me daba ideas cómo: *"¿Recuerdas aquella vez cuando pensabas en la muerte? A lo mejor ahorita lo descubrimos. ¡Linda! Nadie nos va a tener que contar"*. Que locura por Dios. Lo que escribo es así de cierto. Mi espíritu era extrañamente optimista. En la peor situación, siempre me hacía estar seguro de que todo sería para bien.

Si Elsita, Minor, José, don Peter, don Carlos o las demás enfermeras, compañeros, visitantes y doctoras de Neurocirugía, que me atendieron, me vieron en algún momento riéndome solo. Pues esa era la razón, estaba "*medio loco*", con esas conversaciones internas en mi cabeza. Yo, a mis compañeros, siempre los vi super "cuerdos" y quizá ellos me vieron así a mí también, pero todos somos personas.

Idea #11: Busquen también esa conversación, que posiblemente no habían podido tener con ustedes mismos. Cada uno tendrá su propio camino por recorrer, pero vean ese tiempo internados como una oportunidad, como unas vacaciones en donde sí podrán descansar de verdad.

Somos personas

La palabra **persona** viene del latín y significa **máscara**. Propiamente, las que usaban los actores de teatro. Somos personas, es decir, nos guste o no, tenemos varias que usamos en diferentes situaciones.

Cuando era adolescente, usaba una máscara para estar con mis amigos y otra para estar con mis papás, sin embargo, conforme vamos creciendo, puede que no tengan una diferencia tan evidente, pero siguen siendo máscaras, así sean más sutiles.

A mí me ha pasado que alguna persona, a la cual yo estaba acostumbrado ver con cierta máscara, de repente sale con otra totalmente diferente. En estos casos, mi mente rápidamente saca su lista de juicios para empezar a juzgar, pero todos somos así, en menor o mayor grado. No digo que sea "*normal*" que alguna persona con una máscara muy formal de repente salga "*bailando chingo en media calle*" o peor aún lastimando a otra persona. No hablo de esos casos, sino de las máscaras sutiles, que no nos permiten expresarnos plenamente.

Compartí mi pena

Volviendo al relato, así transcurrieron mis días en el hospital, conociendo nuevos amigos, recibiendo visitas... las cosas de rigor en esa situación. Gracias a Dios, tenía muchas personas que me visitaban y que compartían mi pena.

Me tocó un salón excelente, en donde estábamos seis pacientes en total. Empezando de la entrada del salón a la derecha y dando la vuelta, estábamos ubicados así: don Orlando, don Peter, José, yo, don Carlos y finalmente don Juan Carlos (q.d.D.g.). Nuestro salón era un jolgorio casi todo el día, especialmente cuando no teníamos visitas. A mí eso me ayudó muchísimo, a distraerme de todo lo que estaba pasando por mi cabeza en esos momentos.

La comida del hospital a mí me encantó. Es más, hoy en día, cuando puedo hacerlo, sigo comiendo bajo en sal y sin condimentos, no sé si por el gusto que le tomé ahí o como un tributo a quienes siguen luchando. La cosa es que en alguno de tantos turnos de comida, cuando entraban a dejarnosla, me parece que fue don Peter quien les preguntó: *¿Para cuándo nos pueden hacer pizza?* Ahí empezó otra idea de la cual hablábamos cada vez que podíamos.

Recuerdo que yo seriamente lo pensé, porque tenía la aplicación de *"Uber Eats"* en el celular, el problema sería encontrar algún voluntario que nos pasara la pizza. Igual que con mis asuntos legales, no pudimos hacerlo ahí dentro, sin embargo, como uno o dos meses después, nos reunimos en nuestra casa y ahí nos pudimos comer la pizza.

Ellos fueron un soporte, una amistad muy sincera y fueron referentes de esperanza para mí en esos momentos, porque además de la buena compañía, también nos unía el *"bisturí"*. Hay una frase que se utiliza en Encuentro Matrimonial Mundial y dice: *"Una pena compartida es media pena"*. Es cierto eso, sin embargo, hay muchas personas que llegan al hospital sin el soporte de familiares y seres queridos.

Idea #12: Me ayudó muchísimo escribir. Es decir, si la escritura no es lo de ustedes, pues busquen qué sí lo es, a lo mejor pintar, tejer o hacer esa llamada telefónica que tenían pendiente. Aquí se vale ser "desvergonzado", recuerden que están en el hospital internados y eso es un pase especial para quitar-

nos la máscara. Úsenlo.

En los momentos que tenía para mí solo, recuerdo escuchar ideas filosóficas de mi espíritu, algunas muy interesantes, como esa de *"un segundo a la vez".* También, recuerdo razonar sobre la frase popularmente que escuchamos, sobre estar internado en el hospital: *"Ahí sí es cierto que uno no vale nada".*

Mi valor

Posiblemente esa frase, se refería al punto en que andamos en bata, medio desnudos, es decir, posiblemente haga alusión a nuestra situación de *"desventaja".* Pero es falsa, muy falsa. ¿Quién nos inventó la idea de que valemos por nuestra ropa, por nuestro carro o por por nuestras posesiones materiales?

Todo lo contrario, ahí adentro valemos por lo que realmente somos. Si estamos al lado de un multimillonario o al lado de una persona habitante de calle, es ahí donde podemos vernos todos a un mismo nivel, sin ese montón de estorbos, por los cuales luchamos toda nuestra vida. ¿Para qué sirve el dinero cuando estás ahí?

Una anécdota

Tenía como tres días de internado cuando tomé la decisión de ir a la capilla del hospital y buscar al padre Joaquín para confesarme. No puedo imaginar las cosas que él ha escuchado ahí adentro. Seguramente es como un *"laboratorio psicológico".*

Después de confesarme, sentí mucha paz y tranquilidad. Como estaba a punto de iniciar la Eucaristía, me quedé también y él me pidió ayuda con una de las lecturas. Cuando me tocó el turno de pasar a leer, tomé el libro y leí en voz alta la primera frase: *"La vida es corta...",* en mi interior solo escuché: *"¡Ahhh, no seas tan hp, solo eso me faltaba!".* Si ustedes alguna vez vieron el Chavo del 8 y recuerdan a don Ramón cuando tragaba grueso, pueden imaginar exactamente cómo lo hice yo estando ahí arriba.

Y cómo dicen los anuncios de ventas de los domingos en la mañana: "*Esperen porque aún hay más*"...

Me senté al final, casi en las últimas bancas, en realidad es una capilla pequeña. Así transcurrió normalmente la celebración hasta que llegó el momento de ofrendar, de repente pude ver la escena como congelada en el tiempo, todos los que estábamos éramos pacientes internados. Una voz en mi cabeza me dijo: "*¿Qué vamos a dar si no andamos ni calzoncillos?*". Me empecé a reir solo como un loco...

En fin, ya en tono más serio, independientemente de cuál sea la religión que ustedes profesan, pidanle mucho a Dios por los padres, pastores y guías, por cada una de esas personas, que con un buen corazón, nos buscan el bien. Nos ayudan a encontrar esa plenitud espiritual tan importante en nuestras vidas. Tienen una responsabilidad gigantesca en sus hombros que, muchas veces, no valoramos.

> *Idea #13: Busquen ayuda espiritual y religiosa. Si nunca han creído, háganlo como una prueba, quizá ahí encuentren más herramientas para sobrellevar su situación. Confíen y acepten la voluntad de Dios, si salen de ahí, que sea para ser mejores personas. No desaprovechen la oportunidad.*

LA ETAPA DEL DESPRENDIMIENTO

L legó el día previo a mi cirugía. Yo estaba relajadísimo, es decir, los medicamentos me habían reducido la inflamación, por lo tanto, ya no tenía dolor ni síntomas. Estaba como siempre, incluso me puse tenis y me hice el propósito de subir las gradas de todos los pisos, dos o tres veces por día. Me había desconectado tanto de mi propia situación, que se me había olvidado para qué estaba ahí. Es decir, era como estar de vacaciones porque no me dolía nada.

Idea #14: Vean a su cirujano o especialista que los va a operar como debe ser. Como un ser humano que va a hacer absolutamente todo a su alcance para salvarles la vida. No se confundan con pequeñeces en esta etapa, que si me dijo esto, que si me asustó, que si no me abrazó... Nada de eso importa para ellos, porque no pueden darse el lujo, de estar pensando en esas pequeñeces. Pidan mucho a Dios por esos profesionales.

La junta de médicos

Entrada la tarde, ingresó al salón "*mi*" neurocirujana favorita (la doctora Alvarado), con un grupo de doctores. Me saludó muy formalmente, tomó las placas físicas de mi resonancia magnética y empezó a revisarlas. Hoy en día, de la manera más sincera, puedo decir, que no recuerdo nada de lo que me dijo. Mientras ella hablaba y me explicaba el procedimiento que me haría, me volvió a suceder exactamente lo mismo que cuando el primer neurocirujano me dio el diagnóstico.

Otro desmayo consciente

Yo no estaba ahí. Es decir, mi cuerpo estaba ahí pero yo, por momentos veía a la doctora mover sus labios pero no podía escucharlos. En un momento, puso la placa contra la luz y empezó a señalarla, yo solo veía una mancha gigante en blanco y negro.

En un momento dado hubo una pausa, creo que algo le preguntaron de otro paciente, así que un compañero mío del Colegio (Luis) que había ido a verme, entró de nuevo rápidamente y me dijo algo como: *"Tengo que irme, pero nos vemos luego"*. Ahí me quedé yo preguntándome si él habría escuchado todo lo que me dijeron. ¿Qué pensaría yo si estuviera en sus zapatos? Seguramente que sería la última vez que nos veíamos.

La comunicación no era verbal

Varios años atrás, yo había leído un libro llamado: *"Cómo leer una persona al igual que un libro"*. Giraba en torno a poner atención al lenguaje corporal de quien nos habla y descifrar lo que expresa mediante su lenguaje corporal. De *"mi"* neurocirujana favorita, hubo un aspecto que me capturó: no me miraba directamente a los ojos.

> *Idea #15: Ustedes, en esta etapa, puede que estén igual a mí desde el punto de vista emocional y mental. Están hipersensibles. Cualquier detalle lo van a magnificar. Sepan que eso va a suceder y quizá sea parte importante del proceso de mejora personal.*

Mientras ella hablaba en la junta de médicos, las ideas, que escuchaba de mí mismo, me decían: *"No te ve a los ojos porque quizá no quiere ver a un muerto vivo"*, pero también salían otras de empatía como: *"Si usted fuera ella y se involucra, no podría meter el bisturí"*. Así transcurrió algo que, posiblemente, para ellos fue normal y de rutina, pero, para mí, fue una eternidad en cámara lenta.

¿Alguna duda?

Cuando me dijeron que si tenía alguna duda, aproveché para decirle: *"¿Doc, verdad que esto no es para tanto?"* (*definitivamente esa pregunta tan "inteligente", vino de mi mente*). Puedo decir que, con amor pero con un aplomo absoluto, escuché: *"Hablemos de los riesgos. El mayor es un paro cardiorrespiratorio, son muchas horas y tienes que resistir..."*. Solo eso escuché, nada más. De nuevo vi solo una imagen borrosa, un círculo dando vueltas y unas letras diciendo: *"Cargando, por favor espere..."*.

Después de todo eso, alguien me trajo un papel y un lapicero y firmé la hoja. Por cierto, tiempo después pude ojear esta hoja en mi expediente y puedo decir que la firma me quedó muy torcida.

Me dejé ir

Ahí empecé a dejarme ir. Es decir, las cosas eran como eran, hasta los especialistas me lo habían dicho hasta el cansancio. Mi espíritu quería salir de vez en cuando con ideas optimistas, pero ahí en la tarde empecé a desprenderme de lo que había conocido como mi vida.

> *Idea #16: Hagan el ejercicio de desprenderse, así sea que su diagnóstico no sea "tan grave". A mí me ayudó a comprender que habían cosas que de verdad me preocupaban y que no eran importantes.*

Tomé el celular y le empecé a escribir una carta a mi esposa, a nuestras hijas y a nuestra familia. Quizá nunca les podré explicar, lo que se siente desprenderse de la vida. De lo que ustedes siempre han visto ahí, de las calles, las montañas, las personas, hasta de lo más personal. Atrás quedaba todo, ya nada era importante.

Un último intento antes de confiar

Escribí las primeras líneas con el corazón en la mano y mi mente salió disparada interrumpiendo con un grito: *"¡Llorón, despierte!*

Levántese de aquí y arregle las cosas, porque vas a dejarle la vida solo enredos a las chicas". Me tiré al suelo de un brinco con el celular y un cuaderno en la mano.

> *Idea #17: Ordenen sus bienes materiales si Dios les dio algo, alguna casa, algún carro. Pongan las cosas en orden. Este consejo es más para quienes no han pasado por esto, porque cuando estamos ahí, como fue mi caso, es posible que ya sea demasiado tarde.*

Intenté poner en orden mis cosas

De inmediato llamé a la abogada, quien me había ayudado muchas veces antes, es más, voy a usar también esa frase con sentido de pertenencia tan presuntuosa: llamé a *"mi"* abogada favorita de inmediato. La conversación telefónica fue más o menos así:

-       *¿Hola, don Minor, cómo le va?*
-       *¡Aquí vamos, Kathia! (solo yo sabía que significaba eso)... Vieras que tengo una pequeña urgencia.*
-       *Híjole, es que estoy ahorita con un cliente aquí en mi oficina ¿Le sirve si lo llamó ahora más tarde?.*
-       *Mmm, es que quizá no tenga tanto tiempo...*

Es decir, en mi mente, esa respuesta era más como: *"es que quizá donde San Pedro no tenga buena señal el celular"*. Así procedió a explicarme que, en términos legales, también estaba *"muerto"*. Porque nunca había previsto que algo así me pasaría, es decir, eso uno nunca lo hice, porque *"se supone"* que todos nos vamos a morir de viejos. ¿Cierto?

Desconfiar no resultaba

Terminada la conversación con ella, mi mente se despertó y recordé que tenía un seguro de vida. Ahí pueden escuchar a mi mente: *¡Linda Minor, que sabor, así se hace papi, bien pensado!* Llamé a don Geovanni, para hacerle posiblemente una de las llamadas más extrañas, que ha atendido en su celular, después de los saludos de rigor.

- *¿Don Geovanni, usted sabe si el seguro de vida está al día?*
- *Es solo de revisar, si quieres ahora lo reviso y te aviso.*
- *Mmm ,ok, ¿Usted podría por favor asegurarse de que esté al día y todo en orden?*
- *Claro que sí, no hay problema.*
- *Otra preguntita: ¿Qué tendría que hacer Mila para retirarlo en caso de...?*
- *¿Minor te pasa algo?*
- *Es que estoy en el hospital y ¡Diay, uno nunca sabe!*

En mi cabeza (*según yo*), ya lo sabía. Es más, estaba 100% seguro. Es decir, alguien como yo, que sufrí del espejismo de la soberbia y la autosuficiencia por tantos años, tenía que estar seguro de estar en el pabellón de la muerte, para hacer esas llamadas y compartirles algo tan íntimo.

Don Geovanni, su esposa doña Aurea Rosa, doña Liliam y toda su familia, fueron amigos, que se convirtieron también en un soporte fundamental para nosotros. El día antes de mi cirugía, tomaron la decisión de visitar y acompañar a mi esposa, haciendo oración en nuestro hogar. Si yo estaba viviendo todo esto, imaginen lo que podría estar pasando ella.

Idea #18: Si contamos con la bendición, de tener familiares y amigos cercanos, que se preocupan por nosotros; pensemos también en ellos. Es decir, aunque suene cruel, mientras estamos internados, el mundo no gira en torno a nosotros. Afuera también, hay personas sufriendo por nuestra situación. Si hay algo que podamos hacer: ¡Hagámoslo!

Aún pensando que estaba acorralado, seguí luchando con mi cabeza, haciendo todo lo que estuviera a mi alcance para quedar en las mejores condiciones. Recuerdo que Mary otra de *"mis"* doctoras favoritas, me hizo una pregunta que me puso de nuevo a correr: "¿Don Minor usted tiene el disco con las imágenes de su resonancia magnética?"

Dormiré cuando esté muerto

Yo he escuchado la frase: "*A descansar al cementerio*", pues voy a tomarla para explicarles lo que sentía en esa tarde previa.

Otra vez mi mente volvió a traicionarme, poniéndome a correr. Llamé al centro de resonancias, les dije que era una emergencia y que necesitaba saber si podían darme una copia del disco. Esperé en el teléfono hasta que la recepcionista me confirmó que sí había encontrado la mía. Le escribí a mi familia y mi concuña Sonia se ofreció a pasar por él.

Cuando salté de la cama, lo hice con dos cosas en las manos, mi celular y un cuaderno. Ya describí como usé el primero, pero falta cómo lo hice con el segundo.

Abrí el cuaderno, busqué una hoja en blanco y empecé a escribir mi testamento. Si esto les suena a ficción, no se confundan, sucedió exactamente así. Los pocos bienes materiales, que habíamos podido obtener, eran para mi esposa. Estaba seguro que ella, además de cuidar a nuestras hijas, también cuidaría de mis padres. Lo mismo harían mis hermanos. Ahora me tocaba confiar.

Siempre fui recatado, tanto con mi cuerpo como con nuestras finanzas, pero esa tarde ya no importaba. Le tomé fotos a las hojas que había escrito y se las envié a mi cuñada Rocío. Después de eso la llamé por teléfono y le hice el encargo de ayudar a Mily a ordenar las cosas, si fuese necesario. "*Todo va a estar bien*", me decía, "*Todo va estar bien*", pero yo ya estaba seguro que no. Eso fue lo que le entendí a "*mi*" neurocirujana favorita. Además ¿Cómo iba a resistir, si yo estaría dormido por la anestesia?

Pude sentir el dolor de Rocío mediante el teléfono, pero, cuando terminé de hablar con ella, no quise dejar que eso me desviara de mis planes. Necesitaba conseguir ayuda legal pronto. Busqué al padre Joaquín y amablemente se ofreció a conseguirme el número de teléfono del departamento legal, sin embargo, tampoco había nada que hacer porque ya habían cerrado.

Poco después llegó mi cuñado Luis Diego con su esposa Sonia, me traían la copia del disco con las imágenes de mi resonancia magnética. Sin pensarlo dos veces, les pedí que me sirvieran de testigos y me firmaran el papel que había escrito como "*testamento*", que dicho sea de paso, ya sabía que no tenía validez legal de ningún tipo. Pero era lo único que me quedaba...

LA ETAPA DE LA VERDADERA PAZ

En la tarde, al final de la hora de la visita, le dije a mi esposa que no quería ver a nadie, solamente a ella.

Hoy ha pasado un año desde ese evento y aún cargo con el peso que significó para mí. Es decir, soy solo un ser humano cualquiera, también cometo errores y, a pesar de toda esta experiencia, he vuelto a enojarme, a desconfiar, a no valorar e incluso, lo he olvidado en algunos momentos.

Pero así fue, cuando llegó el momento en que mi mente me aseguraba que estaba pronta mi muerte, solo quería estar con ella a mi lado. Quizá ella, que tanto me conoce, pudo ver que dejé de luchar y empecé a desprenderme. Mi esposa me recordó que le dije: *"Cielo ya no importa lo que Dios quiera hacer. Si quiere tomar mis piernas, está bien. Solo me gustaría, que si me va a dejar con vida, que me deje consciente."*

Nos despedimos esa noche y me quedé postrado en la cama. Atrás quedó mi humor nervioso de los días anteriores, en el suelo quedaron las máscaras. Estaba totalmente desprotegido.

Mi carta de despedida

Ahí fue cuando escribí: *"Mi carta de despedida"*, que también la incluí en este libro. Cuando terminé de escribirla, sentí paz. Incluso pensé: *"Si Dios no quiso que arreglara mis asuntos, posiblemente es porque me va a sacar de aquí para hacerlo"*.

Como preparación para la cirugía, me pusieron dos vías, una de ellas en una parte muy incómoda, cerca del codo. Pasé toda la noche sintiendo dolor. Debido a eso me mantuve despierto.

Aproveché la noche para enviar algunos mensajes, que nunca pensé que enviaría. No sé a ustedes, pero había ciertas personas, que aunque amaba de verdad, nunca había podido compartirles emociones. Pensaba que podía ser algo "raro". Así avanzó la noche, hasta llegar la madrugada.

Los minutos pasaban muy despacio. *¡Cuanto no hubiera dado por leer en esos momentos, estás palabras que hoy escribo*!. Esa es la razón que atiza un fuego incontrolable, que me obliga a pasar montones de horas escribiendo. A pesar de mis errores como ser humano, tomé la decisión de no olvidar. No quiero olvidar a quienes están ahí ahora mismo.

En la parte más oscura de la madrugada, empecé a llorar. No sé si fue por el dolor físico de las vías toda la noche, por la angustia emocional, por el miedo o por todo en general. Ya no podía más. En esos momentos, sentí algo extraño, que me pasó por mi cuerpo como un rayo de luz, yo digo que sentí a Dios. A partir de ahí todo fue paz, pero no una paz como la que sentimos después de llorar, quiero decir, una verdadera paz. Ya no tenía miedo a morir.

Como un rayo de luz

La paz, que vino después, es algo que quizá no podré explicar jamás. Fue un momento muy espiritual y muy sagrado para mí. Hoy en día, extraño sentirme así. No fue esperanza, ni motivación, ni nada similar. Fue una verdadera paz. Si iba a morir estaba bien, si iba a vivir también. Caminando o en silla de ruedas, como fuera, todo estaría bien.

Tener el control

Alcancé a interiorizar que nunca tuve el control de mi vida, es decir, yo lo creía, pero solo lo hacía con cosas muy superfluas. Mi corazón late a cada instante y yo no puedo hacer nada al respecto. En ese amanecer, pude quitarme los anteojos borrosos y ver claramente el mundo de milagros y magia en el cual vivimos.

Pude ver que algo tan simple como parpadear era un milagro. Viví de la confianza, porque cuando quería mover una mano, no pensaba en los billones de células que la componen, menos en la infinidad de conexiones nerviosas y neuronales. Solo controlaba la última capa, lo más simple. Me vi a mí mismo como el piloto de un avión, es decir, solo podía tocar simples botones, pero porque habían millones de cosas que me lo permitían.

Mi esposa me llamó por teléfono como las cinco de la mañana y recuerdo que le dije: *"Flaca, ya vino. Ya vino, todo va estar bien.".* Esa luz como de un rayo que sentí, fue quien marcó el antes y el después para mí. No fue la cirugía, no fue el susto, no fue el cáncer, fue esa luz quien marcó la diferencia.

Algunos podrán pensar que estaba muy cansado por no dormir y, por lo tanto, estaba delirando. Otros quizá encuentren algo más complejo y me digan que, debido a la presión, se me fundió algún fusible neuronal. Los más relajados, podrán decir que quizá yo lo confundí con alguna luz eléctrica del mismo hospital.

Creer o no creer

Se los voy a explicar con un *"chiste de matemáticos"*, que nos contó un profesor de cálculo en la Universidad.

Resulta que un asesino disparó contra otra persona ocasionándole la muerte.

Durante el juicio, el asesino contrató al mejor matemático del mundo, en vez de un abogado. El matemático, muy astutamente, inició así su defensa:

\-   *Señor juez. ¿Es cierto o no que cualquier número se puede dividir entre 2?*

\-   *El juez tomó una calculadora, dividió 3 entre 2 y vio el resultado 1.5.*

*-	Es correcto, tomando en cuenta decimales, cualquier número se divide por 2.*

*-	Señor juez, entonces antes de detonar el arma, había una distancia entre la bala y el fallecido. ¿Es eso cierto?*

*-	Cierto… ¿Y?*

*-	Señor Juez, mi defendido es inocente, porque la bala nunca pudo tocar al fallecido.*

*-	¿Qué?*

*-	Mire, señor Juez, la bala estaba separada una distancia y esa distancia tenía una mitad. Esa mitad, tenía otra mitad. La siguiente mitad otra mitad y así sucesivamente hasta el infinito… Por lo tanto, según las leyes de la matemática, que son leyes exactas, la bala nunca tocó al fallecido.*

Obviamente encerraron al asesino en la cárcel y al matemático en el psiquiátrico. Pero lo que dijo era totalmente cierto.

Yo siempre traté de explicar así a Dios. Tenía una razón, después de esa tenía otra, después otra y otra y así sucesivamente hasta el infinito. Comprendía las razones pero no el infinito. De igual manera, tendré ideas hasta el infinito para justificar esa luz.

Mientras las computadoras piensan con ceros y unos, nosotros somos mucho más complejos. Podemos sentir nuestras emociones y nuestro espíritu. Son tan reales, como las leyes matemáticas. ¿Pero qué pasa con Dios? Él está en lo que para nosotros es el infinito. Es decir, más allá de nuestro limitado cerebro. En otras palabras, se mueve en un nivel muy diferente.

Volviendo al relato. Al poco tiempo de hablar por teléfono con mi esposa, mientras aún estaba un poco oscuro, se acercó una enfermera y me dijo:

*-	¿Usted es don Minor?*

*-	Vieras que vine a verlo y desearle que le vaya muy bien. Fui compañera de Ivannia (la hermana de mi concuñado Alberto, quien hoy en día vive en Estados Unidos).*

- *Ella me mandó a desearle muchas bendiciones. Todo le va a salir muy bien.*

Según la voluntad de Dios

Ahí estaba yo en la cama. El término *"muy bien"* dejó de tener el mismo significado después de ese evento. "Muy bien" ya no era más sinónimo de poder caminar, de poder moverme o incluso de estar vivo. El *"muy bien"* se pasó al otro lado de la acera, es decir, de mi lado, era más *"según la voluntad de Dios"*. Porque solo Él sabía que era *"muy bien"* para mí.

Hoy en día, incluso, después de tanto dolor físico, emocional y mental, después de ver llorar sangre a mi esposa, mis padres, mis familiares y amigos, ¿cómo podría explicar que mi diagnóstico ha sido mi bendición?

Necesitaba pasar por el fuego

Pasar por esto era *"muy bien"* para mí. Si lo ven desde afuera puede que no lo comprendan, pero desde adentro, yo sé lo mucho que necesitaba haber pasado por esto.

Hay una película fuertísima que se llama "El juego". Ahí el protagonista (*Michael Douglas*) es engañado por su hermano para ser parte de un juego muy real. La presión al final lo lleva prácticamente a querer morir. Bueno, usando la película como ejemplo, eso era lo que ese protagonista necesitaba para cambiar su vida. Yo también, esta experiencia y saber que vivo siendo paciente de cáncer, es lo que necesitaba para cambiar mi vida.

Algunas personas son más asertivas y no requieren de *"tanto"*, pero yo, como buen terco toda mi vida, necesitaba una buena dosis de dolor para descubrirme. *¡Bendito Dios porque me dio el privilegio de vivirlo!*

Regresando a la historia, por fin amaneció y un compañero encendió el televisor. Recuerdo que puso un noticiero de esos mexicanos que hablan de fantasmas y noticias amarillistas, mientras yo con la mejor actitud pensaba: *"¡Hoy es un hermoso día para morir!*"...

Me dieron la orden de ir a bañarme antes de la cirugía. Me metí al baño con una actitud muy positiva mientras le daba un par de vueltas en el cuello a las mangueras del suero y del otro medicamento. Salí fresquito y listo para ponerme la *"camiseta de titular"*, básicamente vestido solo con una bata demasiado *"sexi"* para mi gusto, pero estaba bien.

Camino al quirófano

Me acostaron en otra camilla y emprendimos el viaje hasta el quirófano. Recuerdo sentirme extasiado durante el trayecto, era genial. Casi como si escuchara buena música en mis oídos, me sentía sensacional.

Al poco tiempo, llegamos a algo parecido a un puesto de migración para los que íbamos para el quirófano. Una señora con un escritorio se quejaba de no sé qué, mientras otro muchacho revisaba unos papeles y me hacía algunas preguntas básicas.

La conversación que recuerdo con él fue algo así:

-     *¡Hey, doc!*
-     *No, yo soy enfermero.*
-     *¡Ahh, ok! ¿Le molesta si le digo "doc"? Es que me queda más fácil.*
-     *¿Cómo? Bueno no sé, simplemente no es mi profesión...*

Me sentía muy relajado y extrañamente feliz, quizá hasta haciéndome el chistoso; como posiblemente diría mi esposa: *"demasiado para mi gusto"*. Al poco tiempo, se abrieron otras *"puertas misteriosas"* y continuamos. A lo mejor y hasta silbando iba de camino.

Solo puedo imaginar los cirujanos, anestesistas, enfermeros y demás personas, que están cada día en quirófano, al ver que se abre la puerta e ingresa alguien silbando. Quizá se preguntaron: *"¿Quién será el "artista" que viene ahí?"*.

El pasillo de los quirófanos es muy diferente a los demás del hospital, lo recuerdo muy blanco y muy bien iluminado. Una mujer joven de piel morena con ojos claros y un gorrito verde se me acercó y me dijo que ella sería mi anestesista. *¡Qué calidad, o sea que son varias personas ahí dentro!*

Ingresé al quirófano

Cuando entramos al quirófano, recuerdo que escuché la voz de "*mi*" neurocirujana favorita con otro grupo de doctores. Era un cuarto blanco, muy iluminado y frío… más aún porque yo andaba "*chingo*". Me pusieron en la boca, una mascarilla unida a un tubo flexible, le di tres "*jalones*" y se me apagaron las luces…

… En este lapso de tiempo no tengo idea qué pasó, pero seguramente me hicieron como un muñeco de trapo, porque me durmieron boca arriba y mi cirugía fue en la espalda…

UNIDAD DE CUIDADOS INTENSIVOS

Me adelantaré un poco en el tiempo y en este relato para contarles lo que me sucedió al despertar.

Mi evento paranormal

Como un mes después de salir del hospital, fui con la familia de mi esposa al funeral del papá de mi concuñado Luis. Mientras estaba en el cementerio, recuerdo que me alejé un poco y empecé a leer los nombres en los nichos. Me impactaron mucho los niños. Aún estaba un poco sensible con la experiencia de mi cirugía, pero traté de que nadie lo notara.

Al finalizar, pasamos todos a un restaurante. Para entonces, mi herida aún me dolía, pero ya podía caminar *"bien"*. Mientras esperábamos la comida, me levanté de la mesa para ir al baño y de paso preguntarle a mi concuñada el nombre de la anestesista, que atendió mi cirugía, la doctora Castro.

Regresé a la mesa a pensar en mi cirugía y también en lo que recordaba de la doctora Castro. Así me perdí en mis recuerdos de ese día, hasta que descubrí unas fotografías guardadas en mi mente que no tenían sentido. No le dije nada a mi esposa en ese momento y cuando regresamos a la casa, empecé a buscar en secreto, opciones para hacerme la prueba del detector de mentiras (*el famoso polígrafo*).

Detector de mentiras

Ese mismo día, llamé por teléfono a dos lugares, que me encontré en internet pero ninguno me contestó. Cuando llegó la noche, me di por vencido y le conté a ella, lo que me había pasado...

Tengo tres imágenes perfectamente grabadas como si fueran fotografías, pero fueron tomadas fuera de la camilla. Yo desperté en cuidados intensivos, pero en esas imágenes me veo ingresando. Puedo ver la camilla de un lado, con un muchacho de espaldas, vestido de blanco con unas tenis negras, que tienen suela blanca (*creo que conocí a ese muchacho; él me cuidó en la Unidad de Cuidados Intensivos, aunque no recuerdo su nombre*). Supongo que en la camilla vengo yo, aunque no lo veo claramente.

Cuando desperté, él me hizo una pregunta:

- *Don Minor, ¿sabe dónde está?*
- *¡En la playa! (dije yo sonriendo...) Recuerdo escuchar sus risas y recuerdo que él le repitió el chiste a alguien más.*
- *Dijo que "en la playa"...*

Sabía perfectamente dónde estaba gracias a esas imágenes. Estaba en algún tipo de sala de recuperación después de la cirugía. Cuando dije en la playa, pude sentir mi garganta, al punto en que aún hoy, cuando cuento esta historia, tiendo a tocarme involuntariamente el cuello.

Sí muevo mis piernas

Desperté por unos instantes, contesté esa pregunta y moví los dedos gordos de mis pies. Recuerdo pensar: *"Listo, la conexión entre mi cerebro y mis piernas sigue, esto es solo cuestión de tiempo"*. Posiblemente después volví a caer inconsciente. Tengo varias lagunas de ese periodo, pero los recuerdos que sí me quedaron, son muy claros.

Al rato volví de nuevo a despertar y había una doctora sujetando mi mano derecha. Ella me dijo que era la doctora Castro y yo le respondí que *"jamás iba a olvidar sus ojos"*. Me gustaría preguntarle si ella recuerda eso, para saber si no estoy loco. Recuerdo que me dijo que todo había salido muy bien. Ahí también estaba *"mi"* neurocirujana favorita, la doctora Alvarado.

No se pudo remover todo el tumor

Recuerdo sus palabras: *"Don Minor, todo salió excelente, pudimos extraer la mayor parte del tumor. Hay una parte que no pudimos quitar, porque estaba adherido a las raíces nerviosas, pero eso lo vamos a quitar con radioterapia"*.

Recuerdo preguntarle: *"¿Doctora, usted cree que yo alguna vez pueda llegar a correr?"*. Ella me respondió algo pero no lo recuerdo, posiblemente caí dormido nuevamente.

Cuando volví nuevamente a despertar, recuerdo que me costaba un poco estar consciente. Sentía mi vista muy pesada. Esta vez estaba en un posición desde la cual podía ver el reloj, que colgaba sobre el escritorio de Cuidados intensivos. Era pasada la una de tarde. Otra voz femenina me hizo una pregunta, con un tono similar al que usamos cuando le hablamos a alguien que tiene problemas de audición:

- 	*¡Hola! ¿Cuál es su nombre?*
- 	*Minor Solís (dije yo).*

A lo mejor me preguntó algunas otras cosas, no lo recuerdo bien. Solo recuerdo empezar a sentir un dolor en mi espalda. Recuerdo que volví a mover los dedos gordos de mis pies, eso para mí, era un gesto físico de esperanza.

En teoría, después de la cirugía, yo debería poder mover mis brazos correctamente, pero en la práctica, con solo una vez que lo intenté, sentí un jalón fuerte en mi espalda, justo en la herida. Gracias a eso preferí no moverme del todo, para evitar ese dolor.

Estaba exageradamente sensible (físicamente hablando) y eso se fue incrementando conforme avanzó el tiempo. Volví de nuevo a ver el reloj y prácticamente no se había movido.

Tiempo después escuché a Ernesto (Lobito) Fonseca decir en una entrevista, que: *"él conoció la paciencia estando en cuidados intensivos"*. Cuando escuché esas palabras, algo hizo *"click"* dentro de mí. No tengo idea cuánto tiempo pasó él ahí, pero yo también puedo decir algo similar.

Recuerdo pensar: *Si la aguja grande de ese reloj se mueve con los segundos, ¡qué lento es un segundo!* En mi cabeza, podía escuchar su sonido al moverse y las pausas entre cada movimiento, era como: *track ... track ... track.* Era exageradamente leeeentooooo.

Esta vez que desperté sí fue la *"definitiva"*, es decir, me quedé despierto sin caer más en inconsciencias involuntarias. Alguién más pasó y volvió a preguntarme mi nombre, a lo cual le di la misma respuesta. Sin embargo, al rato pude mover mi cabeza lo suficiente para ver algo en la pared posterior a mi cama. *¡Qué cabrones, ahí estaba mi nombre pegado!* Ya entendí, dije yo, seguro piensan que quedé *"medio loco"* y por eso me lo preguntan a cada rato.

¿Estaré loco?

Cuando caí en cuenta que estaban haciéndome ese ejercicio, empecé a cuestionarme: *¿Un segundito, estaré mentalmente bien?*. Como decía el famoso técnico de la selección nacional de Costa Rica, Jorge Luis Pinto: *"Vamo a probá"*...

Busqué en mi cabeza algo que me hiciera de verdad esforzarme para usar mi mente y mi memoria, así tuve un diálogo interno más o menos como este:

\-   *¡Ya sé! ¿Dígame la combinación de los candados de las maletas?*

\-   *Es 0101, demasiado fácil.*

Necesitaba algo más complejo, algo que realmente me hiciera esforzarme para poder imaginar, recordar... Ahí fue cuando se me ocurrió hacer algo de mi trabajo, en términos simples, me reté a poder dibujar en mi imaginación, una estructura técnica con los equipos, que pudieran contener el *software* necesario para el hospital y con el menor costo posible.

Cuando terminé, sentí una gran seguridad. Mentalmente estaba en perfectas condiciones, lo que estaba mal era mi cuerpo. *¡No se mueva!* Me repetía a mí mismo, porque en ese sentido, estaba bien "jodido".

Cambiar de posición

Ahí estaba yo, perdido en mi diálogo interno, cuando una voz masculina me regresó a la realidad: *"Don Minor, vamos a darle vuelta"*. Mi mente me dijo: *"¡Que diablos, noooo!"*

El dolor, cuando me volvían, era exageradamente intenso, me enseñaron a responderles de 0 a 10 cuánto era mi dolor y ese era de 10. Después del movimiento, me quedé totalmente quieto, tratando de soportar, aunque no tenía fuerzas. Pude ver también que tenía una pulsera en uno de mis brazos que decía algo como: *"Peligro de úlceras"*. Gracias a eso, también me explicaron que debían cambiarme de posición cada dos horas.

El muchacho, que vi en mi fotografía *"paranormal"*, se acercó y me dio el control remoto de un televisor. Intenté encenderlo, no recuerdo si lo hice o no, pero no estaba para ver telenovelas, ya saben, porque estaba *"muy sensible"* (*debo aclarar que eso fue un chiste*). En fin, así transcurrieron los segundos con pausas interminables.

Antes de esto, siempre le tuve miedo a las inyecciones. Es más, puedo decir que siempre fui extremadamente miedoso para todas las cosas médicas. Cuando alguien me decía que lo habían operado o que se había quebrado, no podía ni disimular mi cara de repulsión. No quería saber nada de ese tema.

Sin embargo, recuerdo muy claramente que mientras estaba en Cuidados intensivos, don Jonny (*otro de los enfermeros que me cuidó*), llegaba a inyectarme anticoagulante, sin yo poder hacer nada. Literalmente ni siquiera me movía.

Antes de esta experiencia, siempre me pellizcaba fuerte en

otra parte de mi cuerpo mientras me inyectaban para distraer el dolor. Sin embargo, ahí también aprendí a quedarme totalmente inmóvil, solo observando cuidadosamente cómo la aguja entraba. El dolor de la aguja comparado con la herida de mi espalda era como una caricia.

Vivimos llenos de lujos

¡Que lujo tuve toda mi vida! Lo vi tan claro que, hoy en día, lo sigo pensando. Es un verdadero lujo asustarnos o *"sentir dolor"* físico por una inyección, por una quebradura, por una sinusitis, incluso por necesidades básicas como el sueño o el hambre... Si ahorita te estás preguntando: *¿Cómo va a ser un lujo que las personas mueran de hambre?* Es porque quizá no te pude expresar bien mi punto...

Ahí dentro, no teníamos ese lujo, los dolores físicos eran mucho más grandes. Incluso algo simple como sentir frío es un lujo por el cual, hoy en día, le doy gracias a Dios.

"El frío es solo una percepción exagerada por tu mente", le dije a nuestra hija Lucía de seis años hace un tiempo, mientras estaba tiritando en el baño. No me entendió nada, pero estoy seguro que con el tiempo lo hará...

La visita de mi esposa

Volviendo al salón de Cuidados intensivos, al poco tiempo después, escuché una voz nerviosa a lo lejos. Usando un tono tímido y conciliador para explicar que ella era *"la esposa"*. Yo pude sentir su miedo mediante su voz. Ella más adelante me compartiría, que, en sus pensamientos, la dominaba la duda de qué iba a encontrar. Si iba a ver a *"un Minor"* entubado y lleno de aparatos para respirar o algo peor.

De hecho me dijo que, incluso cuando vio que no tenía un respirador artificial, pensó: *"¡Este huevón! Y yo tanto que he llorado por él"*. Cuando me dijo eso, solo pensé: *"¡Qué pura vida, Milagrito! ¿Qué quería, encontrarme barriendo el salón?*

Es irónico, porque Mila y yo somos dos opuestos en un sinfín de áreas. Antes yo lo veía como nuestra mayor limitación de pareja, pero gracias a esto, también aprendí que su complemento me hace más fuerte. Siempre fue una ventaja, solo que antes estaba demasiado distraído para notarlo.

Hipersensibilidad

Siguiendo con nuestras diferencias y también con el relato, Mila siempre ha sido mucho de contacto físico y yo no tanto. Así que se acercó y de inmediato empezó a tomarme del brazo haciéndome caricias. *¡Ay, ay, no me toque, es que siento feo!*, le dije yo y, según me contó después, ella pensó: "*Me lo dejaron igual de odioso*".

Tiempo después en una cita de control con "*nuestra*" neurocirujana favorita, le contamos esta anécdota y ella nos comentó que, debido a la cirugía, era posible que también se alterara mi sensibilidad. Para mí, una caricia en el brazo me respondía directamente en los nervios de la espalda que más me dolían.

Hoy en día, un año después de esto, lo describo con toda claridad, sin embargo, en su momento, las cosas no eran así de claras. En cuidados intensivos no se vive, se sobrevive. Es decir, literalmente vas un segundo a la vez y hay muchísima confusión.

En sus palabras, Mila me contó que yo le dije muchas cosas "*extrañas*", que giraban en torno a la espiritualidad y que prefiero no ahondar. Pero no eran extrañas para mí.

Parece, pero no es ficción

Al poder describir los hechos con tanta claridad, quizá ustedes piensen que todo esto es una novela de ficción. O quizá que le puse "*más sabor*". Pero así tal cual sucedió, o al menos así es como yo lo recuerdo y, a pesar de que siempre fui extremadamente introvertido y reservado para expresar mis creencias, no voy a darle la espalda a Dios en esta, porque Él no me la dio a mí ahí.

Algunos de nosotros aceptamos la fe por herencia. Es decir, la abuela de la abuela del abuelo, así lo hacía y, por lo tanto, nosotros también. Pero con esta experiencia, aprendí a aceptarla en la práctica. Como dicen en nuestro trabajo, *"en caliente"*. Eso tampoco significa que con esto me volví un *"monje tibetano"*. Aún sigo siendo el mismo *"desmadre"* de siempre, pero algo cambió dentro de mí.

Volviendo al tema, la visita de mi esposa fue muy corta, pero recuerdo que, mientras estaba conmigo, llegó nuevamente otra enfermera con otra inyección pero esta vez le pregunté: *"¿Oiga, no tienen con sabor a fresa?"*. Quizá quería lucirme con un chiste malo para mi esposa, no lo sé. En cierta forma yo era el convaleciente, así que podía darme ciertos lujos. Me "chuzaron" sin mucho protocolo, me despedí de ella y mi tarde continuó *"normal"*.

Justo cuando ya me estaba sintiendo cómodo, igual al dicho de: *"No pueden ver un pobre acomodado"*, escuchaba la voz que me decía: *"Es hora de volverlo"*. *¡Nooooooo!* Otra vez, después de que me cambiaban la posición, sentía un dolor tan intenso, que creía que me desmayaría.

Los valuadores de arte

Esta vez quedé, como dicen coloquialmente: *viendo pal' techo. ¿Ustedes han visto esos valuadores de arte cuando ven un cuadro abstracto?* Empiezan diciendo: *"claro se siente la tristeza del artista"*, mientras yo lo que pienso es: *"mmm para mí fue que se le volcó el tarro de pintura al mae"*...

Tuve tanto tiempo para ver el cielorraso, que empecé igual a los valuadores, mientras veía una lámina que no estaba bien alineada, pensaba: *"mmm ahí puedo sentir el dolor del carajo, cuando se le corrió el taladro y se prensó el dedo"*. Después venían mis pensamientos analíticos, con preguntas como: *"¿Si ellos se cortan un dedo trabajando aquí, los internan de una vez o tendrán que pasar por emergencias?"*.

Al escuchar esas ideas tan locas, una voz en mi cabeza me gritó desesperada: "*¡Vuelve Minor, vuelve, te vas a volver loco!*". Entonces se me ocurrió una excelente idea, pensé para mí: apuesto cualquier cosa a que esta gente, a pesar de tener muchos años trabajando aquí, nunca han contado todos los huequitos que tiene la rejilla de esa lámpara.

Eso precisamente hice, empecé a contarlos en ambas direcciones. Tenía exactamente 14 x 60, es decir, 840 cuadritos. Contar los 14 no fue tan difícil como contar los 60. Tuve que volver a empezar varias veces e incluso soportar y no parpadear para lograrlo, porque con solo hacerlo, perdía el punto de referencia y tenía que iniciar de nuevo.

Recuerdo que había una enfermera joven, con un gorrito de colores, creo que se llamaba Fiorella y le pregunté: *¿Vamos a ver si me adivina cuántos huequitos tiene esa lámpara?*

Me imagino que ella estaba muy acostumbrada a ver personas que (*dicho en términos muy educados*) estaban "*cognitivamente desorientados*", es decir, en términos más mundanos, "*medios locos*". Así que al inicio no me hizo caso, pero insistí con mi pregunta, a lo cual, me contestó con otra pregunta admirada: *¿De verdad los contó?*

Así fue como se acercaron varios enfermeros y empezaron a dar números aleatorios, como 200, 500, con preguntas como: *¿Es más o es menos?*. Recuerdo sentirme feliz, porque me estaba entreteniendo con eso.

Otra lección de vida
Ahí dentro, si no fuera por el reloj, no tendría idea si era de día o de noche. No había ventanas, o al menos, lo que yo pude ver del salón no tenía, así que la iluminación era siempre la misma. Cuando eran como las 6:00 p.m. recuerdo que don Jonny me preguntó si quería comer sopa.

Sí quería pero, ¿cómo? Don Jonny, con cariño, como lo haría un padre a un hijo, tomó la cuchara y empezó a darme de comer. Estoy seguro que, con mis ojos, le expresé el agradecimiento tan profundo y, a la vez, la lección de vida tan importante que me estaba dando. Antes de esto, yo había dicho, en muchas ocasiones, que ese tipo de cosas, me daban *"asco"*. Pero ahí estaba él, no era mi papá, ni mi esposa, ni siquiera me conocía.

Tenía mucha hambre pero, debido a mi posición, solo podía darme las cosas sólidas. Así que por su propia iniciativa fue, buscó una jeringa grande, succionó el caldo y también me lo dio. Ese momento, no solo marcó la primera vez que comería de una jeringa, sino también la que espero sea la última, de mi forma de pensar anterior. Recuerden, la humildad no tiene nada que ver con el dinero.

Ya para este tiempo, todas esas experiencias me habían hecho amoldarme al lugar en donde estaba, al dolor y lo despacio del tiempo. ¿Recuerdan las palabras de Ernesto Fonseca? La paciencia, *"antes de perderla, encuéntrala"*, decía un comercial hace años. Ahí la encontré yo y, así de esa manera, avanzó la interminable noche.

Desconexión entre mente y cuerpo

Como les comenté, cuando me cambiaban de posición, el dolor era casi insoportable, sin embargo, después de transcurrida una media hora me empezaba a "acomodar" de nuevo. A pesar de todo esto que les describo, había algo que no comprendí bien sino hasta tiempo después y fue: *la desconexión entre mi mente y cuerpo*.

Recuerdo que, en el mismo salón, quizá a unas dos camas de distancia, había una señora adulta mayor, que nunca pude ver, pero que se quejaba constantemente. La mayor parte del tiempo, que estuve ahí, ella lo pasó inconsciente, sin embargo, cuando *"despertaba"* repentinamente, lo hacía para quejarse.

Supe después que ella sí estaba *"entubada"*, o sea, en los términos en que Mila me analizó: *"Ella sí tenía algo de verdad"*. El chiste está en que (*al igual que Mila*) recuerdo pensar yo también en esos momentos: "*¡Pobrecita, seguro está grave!*"...

Fue tiempo después, cuando recordé esta anécdota, que una voz en mi cabeza me dijo: "*¡viejo por si no lo notaste, te dieron de comer con una jeringa!*".

Es decir, mi mente a veces pensaba como si la herida y el dolor no estuvieran. Lo vi más claramente adelante, cuando empecé a caminar de nuevo, pero, en ese momento, a pesar de mi situación, también tenía ideas que me decían: "*pobrecita ella*".

Posiblemente me dormí en algún momento de la madrugada, ya en este punto, no recuerdo mayores detalles, salvo cuando venían a cambiarme de posición.

En la mañana siguiente, lo que más recuerdo fue cuando me llegaron a bañar en la cama. Entre dos personas me desnudaron en la misma cama y me bañaron. Recuerdo que solamente el hecho de tocarme la piel me dolía, pero ahí no pude decir: "¡ay, ay!" o si acaso lo dije, no me hicieron caso. Ese dolor solo lo pude compensar con la vergüenza, ya que quien me baño era una enfermera joven.

Así transcurrió mi segundo día en Cuidados intensivos, sin mayores novedades que yo recuerde. La misma rutina repetida, inyección y voltearme hasta hacerme botar mocos del dolor, nada especial.

MI REGRESO A NEUROCIRUGÍA

Para el final de la tarde, me dieron la noticia de que regresaba al salón nuevamente. Al parecer todo estaba muy bien con mi recuperación, a pesar de que yo no sintiera eso.

La camilla de Cuidados intensivos era muy flexible porque se podía ajustar el grado de inclinación de varias formas, incluso para comer, tenía la capacidad de inclinarse casi verticalmente. La del salón era otra historia, solo podía reclinarse en la parte superior de mi espalda, así que cuando íbamos de camino al salón, tuve la ligera esperanza de que (*por ser un paciente delicado*), me iban a dejar en la camilla "*moderna*", pero no.

Más dolor físico

Tan pronto llegamos a la entrada del salón pusieron las dos camillas, una a lado de la otra y al grito de 1,2,3, me pasaron de un golpe al otro lado, mientras sujetaban mi sábana en los extremos. Yo deseaba decirles que no hicieran eso, que sería imposible para mí resistirlo, que quizá moriría de dolor en el intento. Pero eso no importó. A pesar del intenso dolor, mi cuerpo nuevamente demostró que sí resistía.

Ya me iba "*acostumbrando*" al ciclo: dolor intenso hasta sentirme desfallecer y después alivio. Aún me faltaba experimentar, el que hoy en día sigo considerando, como el mayor dolor físico que he sentido en toda mi vida: cuando me drenaron la herida sin anestesia.

Mis compañeros cambiaron

Cuando regresé al salón, mis compañeros habían cambiado. *¿Un segundo, qué pasó aquí? -* me pregunté...

Ya no estaba José, ni don Peter, ni don Orlando en sus respectivas camas. Del grupo inicial, solo me quedaron dos compañeros, don Carlos y don Juan Carlos (q.d.D.g). En las otras camas, había compañeros nuevos, que también me compartieron sus historias y la razón por la cual estaban ahí.

Nos clasificamos por padecimiento

Por alguna extraña razón, a los maratonistas élite, usualmente se les referencia por el tiempo que hacen, por ejemplo: "*él es el 2:20*", para decir que hace una maratón en 2 horas 20 minutos. Yo igualmente desarrollé algo similar con mis nuevos compañeros, había dos con tumores cerebrales y uno de hernia. Me quedaron grabados sus razones para estar ahí, en vez de sus nombres.

En fin, tocó amoldarse de nuevo a ese cambio. Me dejaron en la cama con una bata color rosado y con un "dreno" que salía de mi espalda. Era un tubo transparente, con una "bola" al final, que estaba llena de sangre y otro tipo de líquidos de mi cuerpo.

El dolor, que sentía en esos momentos, era muy intenso. Recuerdo que prácticamente, me quedé en la misma posición, que me dejaron, cuando me pasaron de la camilla de la Unidad de Cuidados intensivos.

Mi cobija de "Frozen"

En nuestro salón, habíamos dos pacientes con cobijas adicionales, que nos habían traído de la casa. Estaba la cobija de don Carlos, decorada con los personajes de "*Toy Story*", muy masculina por cierto y estaba también la mía, que era de las princesas de "Frozen". *¿Qué querían, si solo tenemos niñas...?*

Dormir orinado

Esa noche me dieron ganas de orinar mientras estaba postrado en la cama, así que pedí ayuda y una enfermera me trajo un "*ca-cho*" (*es un recipiente de metal para orinar en la cama*).

Sobra decir, que era la primera vez en mi vida que usaba algo así, pero el mayor error fue que después de orinar ya era tarde e incluso habían apagado las luces. Por lo tanto lo acomodé sobre mi cama, en donde primero pude y, como es obvio, se volcó y me mojé todo de orines.

Adicionalmente, recuerdo que cuando pude llamar a otro enfermero, este se lo llevó, pero para mi desgracia, tuve de nuevo ganas de orinar. Esta vez no tenía opción y me daba vergüenza llamar en la noche, porque otros compañeros estaban ya dormidos, así que tuve que orinarme encima antes de dormir.

El álbum de vida

Yo lo imagino como ir llenando un álbum de postales y me faltaba la de "*dormir orinado*"... Por trágico que suene, esas experiencias eran las que más me enriquecían. Quizá porque tenía un cáscara de "*ego*" muy gruesa y dañina que tenía que quitarme de encima.

Esa noche, a pesar de todo, recuerdo que sí pude dormir. A la mañana siguiente, recuerdo que desperté exactamente en la misma posición en que me dormí y así, posteriormente, pasé la mayor parte de la mañana. Moverme, aunque fuera poco, era sinónimo de más dolor, así que lo evitaba todo lo posible.

Recuerdo que al final del "*dreno*", que tenía en mi espalda, había una bolita transparente, que se podía ver llena totalmente de sangre. Solo la vi una vez y no me quedaron más fuerzas para verla de nuevo. En algún momento del día, que no recuerdo bien, pero posiblemente fue empezando la tarde, llegó mi esposa.

No me había bañado

Recuerdo que me preguntó: "*¿Minor, aún no se ha bañado?*". Pues no y no haga mucho ruido porque, en la de menos, la escuchan y me vienen a bajar de la cama… Esa fue una movida equivocada, porque le conté mi intimidad y ella más bien dijo decidida: "*¡Vamos yo le ayudo, tiene que bañarse ya!*". Yo estaba como un niño; no quería hacer caso para meterme al baño, pero mi problema no era el baño, sino ver como me bajaban de la cama.

CUANDO ME PUSE DE PIE

Recuerdo que después de eso, llegaron dos doctoras, que no había visto antes. Una de ella era Vicky, "*mi*" fisioterapeuta estrella de la sección de Neurocirugía. Si no le digo "*doña Vicky*", no es por una falta de respeto, sino porque su juventud, hace que el "doña" no tenga sentido.

Lo que más me impactó de ella fue su personalidad. Todos habían sido muy profesionales y amorosos, pero ella actuaba conmigo como una amiga de toda la vida, un poco loca, pero llena de energía. Eso me capturó de inmediato.

Nada de pobrecito

Recuerdo que empezó a decir cosas que para mí eran "*locuras*". Es decir, yo, personalmente, me sentía hecho pedazos, pero ella, en vez de sentir lástima, me exigía más, con frases como:

- "*Vamos, vamos, mucho descanso ya, necesito que se levante de esa cama*"...

Yo recuerdo pensar: "*¿Será que esta loca no sabe lo que me hicieron?*". Pero ella insistía con más molestias. Me ponía a razonar incluso, cuando me decía: "*¡Levántese! Está dañando sus músculos al estar tanto tiempo acostado*". Me dijo pocas cosas, pero lo que más me llamaba la atención era que no actuaba como todos los demás.

Fuerzas donde no las tenía

Todos me tenían un poco de lástima o por decirlo así tenían

empatía con mi dolor. En cambio, Vicky fue una fuente de determinación y lucha. Dios sabrá por qué pone a ciertas personas en nuestro camino.

Poco después, estando yo aún en una etapa de "*negación*", le dije que era imposible que me levantara de la cama. Ella (*fiel a su estilo*) no me aceptó las excusas y más bien se acercó, se puso al lado de mi cama, me dijo: "*Venga usted puede. Yo le ayudo*". Tengo que aceptar que me salen lágrimas al recordar esto, porque yo honestamente lo veía imposible.

Yo sabía que, en algún momento, me pondría de pie, pero, en mi interior, lo veía en un plazo de años o, a lo menos, meses. Ella estaba ahí, solo dos días después de mi cirugía, **ordenándome** que me levantara.

Solo para que no me moleste

Quizá lo hice más por su insistencia que por mi propio deseo. Ella se acercó, me empezó a explicar cómo usar mis brazos a manera de palanca en la cama y también me exigió intentarlo.

Lo "*normal*" para mí, en ese momento, era que me dijera: "*pobrecito, mejor intentamos mañana*". Pero ella hacía todo lo contrario. En un momento dado, empecé a intentarlo, con mis brazos me pude despegar un poco de la cama, sintiendo un dolor muy intenso y en uno de esos intentos, llegó, me abrazó de frente y me ayudó hasta sentarme en la cama.

Un milagro en cámara lenta

Hoy en día, recuerdo su abrazo y el momento en que me ayudó a sentarme, como un video en cámara lenta. Marcó mi vida, porque hice algo que dentro de mí era imposible. Recuerdo que me puse a llorar enfrente de todos.

A pensar de eso, "*mi*" fisioterapeuta favorita no mostró compasión… Hoy en día, sé del corazón lleno de amor que ella tiene. Sé muy poco de sus luchas, pero estoy seguro que es una madre que ha luchado por salir adelante. Me dio esas fuerzas y, también, solo unos segundos a que se me pasara el *"drama"* y me ordenó ponerme a caminar. Como dicen: *"¡y nada de caritas!"*...

Sí podía ponerme de pie

Ahí estaba también mi esposa ayudándome a levantarme de la cama. Después de estar sentado, me ayudaron a ponerme de pie en unas gradas que tenía mi cama para bajar.

Lo que más me sorprendió es que, una vez erguido, no sentía dolor. Obviamente, sí tenía el fuerte dolor de mi herida, ese tardó meses en irse, pero quiero decir, no aumentaba el dolor mientras estaba de pie. ¡Qué sorpresa!

Aquí tengo varias lagunas y he tenido que preguntar qué sucedió, porque es un poco confuso para mí. Sin embargo, mi esposa me recordó que empezamos a practicar *"cómo caminar"*. Recuerdo que no podía ver bien, es decir, sentía dolor, había estado acostado por mucho tiempo viendo puntos fijos y, además, alimentado con suero posiblemente. No estaba para la maratón.

Sin embargo, sí recuerdo que empecé a caminar ayudado de mi esposa. Ella se ponía al frente de mí y yo daba pasos pequeños. Recuerdo solo decirle: *"mírame a los ojos"*. No podía mover libremente el cuello, así que verla a los ojos, era punto de referencia y también mi fuerza, para dar un pequeño paso a la vez. La vi fijamente a los ojos el día antes de mi cirugía, cuando creí que moriría y la volví a ver fijamente en ese momento, cuando volví a caminar.

Mi esposa también empezó a encarnar el rol de *"despiadada"*, (*por decirlo en tono de broma y muy exagerado de mi parte*) y aprovechó para ordenarme que me fuera a bañar. Estaba vestido con un bata color rosado con unas letras color gris, posiblemente con mi espalda ensangrentada y muy probablemente, oliendo a orines.

Con su ayuda, fui dando pasos lentos hasta el baño, que estaba a menos de 20 metros, pero, para mi percepción, estaba a un kilómetro de distancia. Mentalmente, estaba en todas mis capacidades, aunque un poco desorientado. Me confundía mucho, porque mi cerebro creía poder hacer cosas que mi cuerpo no podía. En esos primeros momentos, tenía que pensar cómo mover una pierna y después la otra, siempre con un cierto temor a caerme.

Desnudo en cuerpo y alma

Cuando finalmente llegamos al baño, fue mi esposa quien me ayudó a desvestirme. Al darme la vuelta, recuerdo que estaba muy pendiente de su voz cuando viera mi herida. Con un aplomo increíble, me dijo: *"amor voy a quitarte la venda tranquilo"*. Después siguió hablando totalmente normal.

Yo me sentía temeroso y esperaba alguna expresión como: *"¡ay, Minor, qué es eso!"*. Pero no, ahí como, en miles de ocasiones, me demostró nuevamente que su amor por mí iba más allá de la imagen tan cruda que estaba viendo.

Según ella misma me cuenta, tenía un hematoma gigantesco, es decir, una inflamación en forma de pelota del tamaño de mi mano en la espalda. Sumado a la herida de mi cirugía.

Me ayudó a bañarme y el agua me refrescó por completo. Cuando terminamos, recuerdo que regresé de nuevo ayudado hasta mi cama, pero me sentía muy cansado. A pesar de eso, no me acosté ni me senté porque ahí aumentaba el dolor. Mientras yo estuviera de pie, no había problema porque solo tenía mi dolor *"normal"*.

Así transcurrió la tarde. Recuerdo que mi ánimo cambió para bien. Comí bien y empecé a hacer bromas. En cierto momento, recuerdo que escuché la voz de *"mi"* fisioterapeuta favorita en un área de enfermería que estaba entre mi salón y el baño. Como una de esas ideas geniales, pensé para mí: *"voy a simular que voy a para el baño, como si nada, para ver si me felicita"*...

"Robocop"

Le dije a mi esposa que ya casi regresaba porque iba al baño y ella con temor me dejó ir pero estando pendiente. Salí del salón como pude, pero, mientras avanzaba hasta el baño, "*mi*" fisioterapeuta favorita no me notó. Así que entré al baño, simulé que estaba haciendo algo y me regresé. Cuando iba de regreso a mi salón, recuerdo una voz como el sonido de una alarma diciéndome: "*¡Camine bien, parece Robocop!*"...

Para mí, en esos momentos, con solo dar unos pasos, mi respiración y mi pulso aumentaba al tope, como cuando, hoy en día, salgo a correr.

Vicky se me acercó y me regañó nuevamente (*aunque hoy en día ella dice que no*), diciéndome que respirara bien, porque le estaba robando oxígeno a mis músculos. Además, me dejó una tarea muy importante: "*cuando la pierna derecha pasaba al frente, también debía pasar el brazo izquierdo*".

Así caminé esos primeros días, incluso estando en mi casa, pensando en que si una pierna estaba al frente, el brazo contrario también y así repetía el ciclo. Solo los que hemos pasado por esto sabemos lo difícil que es caminar conscientemente, en muchas ocasiones cometí errores y me confundí pero, por suerte, en ese tiempo, no me caí.

Recuerdo que, al anochecer, me subí a la cama, con todas las dificultades que eso significaba, sin embargo, las palabras y la confianza, que percibía casi desmedida de "*mi*" fisioterapeuta favorita hacia mí, me hicieron confiar. Yo me sentía muy mal, pero la doctora era ella y quise creer que ella sabía más que yo en esos momentos.

Mi cama era muy alta, por lo tanto, tenía unas gradas móviles que debía usar. El proceso era más o menos así: con mis pies movía las gradas hasta ponerlas cerca del centro de la cama. Después me subía a las gradas de espaldas y subía los dos escalones, siempre de espaldas a mi cama. Una vez ahí, me sentaba en la cama y procedía al martirio de dolor, acostarme de medio lado. Así tal cual "caía", así dormía.

Así, más o menos, terminó el segundo día después de mi cirugía.

TERCER DÍA DESPUÉS DE MI CIRUGÍA

Al día siguiente, ya me habían comentado que existía la posibilidad de que me fuera a casa. Yo la verdad no quería irme, porque tenía miedo. Pensaba que si me "*daba algo*", ya estaba en el hospital. Sin embargo, los comentarios, que me hicieron, fue que era mejor estar en casa, porque lo más peligroso para mí, era una infección con alguna bacteria.

Recuérdame que debo revisarte

Recuerdo que avanzada la mañana, una de "*mis*" doctoras residentes favoritas llamada Mary, se me acercó y me dijo: "*Don Minor, recuérdeme ahorita que tengo que venir a revisarlo*". Listo todo tranquilo de momento, yo ya sentía que teníamos una relación de amistad bastante "*sólida*". Por lo tanto, le recordé un par de veces que tenía que revisarme.

Bien, no tenía idea de que significaba la palabra "*revisar*". De haberlo sabido, no le hubiera recordado nada. Cuando tuvo tiempo para hacerlo, llegó a mi cama, me acomodó de espaldas a como fue posible y me hizo otro tacto rectal. Mientras eso sucedía, yo me sentí un poco "*herido*" en mi amistad… ¡Pero si ya éramos amigos!, *¿Cómo pudiste hacerme eso?*

En fin, en tono más serio, recuerdo que le dije así: "*Mary, la próxima vez que me sienta muy soberbio, por algún logro o por cosas materiales, me voy a acordar de esto*". Ahí quedé postrado en la cama después de ese examen médico, sintiendo cómo se quebraba de nuevo todo dentro de mí, por el dolor físico.

El mayor dolor físico de mi vida

Aún me faltaba otro dolor. Posiblemente el más fuerte que he sentido en toda mi vida y era drenar mi herida.

En el grupo de *"mis"* doctoras favoritas, estaba también la doctora Fonseca. Con ella casi no tuve la oportunidad de compartir, quizá porque tenía que atender a muchos pacientes y todos con necesidades importantes. Yo la había visto pasar, siempre corriendo de un lado para el otro, pero no habíamos hablado. Así que nos habíamos visto muy poco.

Recuerdo que poco después del examen de Mary, la doctora Fonseca llegó a mi cama y me dijo que ella tenía que revisarme. Me volví tanto como me fue posible y ella me descubrió la espalda. *"Tengo que drenarlo"*, me dijo.

Yo casi no tenía fuerzas para nada, ni siquiera para preocuparme. Sin embargo, recuerdo que trajo un recipiente de aluminio con gasa, algodón y un líquido rojizo. Me acomodó de manera que mi espalda quedara descubierta para ella y procedió a hacerme el *"drenaje"*.

Hoy en día, no tengo palabras para describir el dolor que sentí. Vamos a ver, para los hombres, si ustedes imaginan una patada en las *"partes íntimas"*, pues eso sería como una caricia. En una escala de 0 a 10, siendo el *"drenaje"* de mi herida 10, eso sería como un 2.

Unos cuatro años antes de esto, se me hicieron piedras en la vejiga y tuve que expulsarlas por el canal de la orina, con la consecuente ruptura de todo lo que encontraban a su paso. Bueno, eso en comparación con ese otro dolor, sería como una doble caricia. Es decir, quizá un 4...

Incluso, les digo, el dolor, que sentía cuando me movían en la Unidad de Cuidados intensivos, que quizá, en escala, era un 6, era mucho menor del dolor que sentí en esos momentos. Me quedo sin palabras para describirlo, pero era un dolor que supera a todos.

No tengo idea qué era lo que me estaba haciendo técnicamente hablando, pero solo recuerdo que era algo en mi espalda, específicamente donde estaba la herida de la cirugía. Recuerdo que ante mis quejidos, ella me dijo: *"Don Minor resista, porque no podemos usar anestesia"*.

Señor te regalo mi dolor

Entonces a mi manera, traté de decirle que estuviera tranquila, que siguiera adelante. En esos momentos de dolor tan intensos, recuerdo que empecé a repetir una frase: *"Señor, te regalo mi dolor"*. Ella se detuvo un momento y me preguntó si pasaba algo, porque pensó que estaba hablándole. Solo le dije que no…

Recuerdo algo muy extraño, mientras estaba sintiendo ese dolor tan grande, empecé a querer pasar mi consciencia hasta mi espíritu, porque tal vez ahí no había dolor. Para mí, fue como si me saliera de mi cuerpo y lo dejara ahí en la cama sufriendo. Cuando yo creía que ya había terminado, hacía una pausa y continuaba de nuevo.

Así percibí ese dolor. La doctora Fonseca es físicamente muy guapa, es bajita de estatura, cabello largo, delgada, parece una modelo. Después de esto, me daba miedo verla. Posiblemente, si le pregunte hoy en día, qué fue lo que me hizo, diga que fue solo algún procedimiento de rutina, no lo sé, pero yo lo sentí como despellejarme vivo.

Una vez que ella finalmente terminó, recuerdo que me quedé en la cama, llorando como un niño nuevamente por unos cinco minutos. Cuando ya volví a tener consciencia de todo, mi esposa se acercó y me dijo que habían aprobado mi salida del hospital. Nos íbamos a casa.

Una fuerza increíble

Después de llorar y de estar tirado en la cama, me entró una fuerza descomunal, que no había tenido. Me levanté solo de la cama y me bajé. Mi esposa me dio ropa, fui a cambiarme e incluso con una vía pegada en el brazo le dije "*¡Vámonos ya!*".

Mi papá venía ingresando al hospital, más asustado que nunca y recuerdo que lo vi, pero no lo observé. Me levanté de esa cama, con la voluntad de atravesar una pared si fuera necesario. No recuerdo nada de cómo llegué al primer piso del hospital, solo que ya estaba listo para irme. Ya no me importaba el dolor de mi espalda, ya no me daba miedo pensar cómo me subiría al carro, o cómo me sentaría.

SALÍ DEL HOSPITAL

Antes de salir, alguien me dijo que tenía una vía aún puesta en una vena de mi mano. Yo mismo me la iba a arrancar, pero mi esposa preguntó y me enviaron a Emergencias. Ahí un doctor, me tomó del brazo y yo me quedé viendo fijamente como me sacaba la aguja de mi mano.

Siempre había quitado la vista ante *"esas cosas"* con excepción de cuando estuve en la Unidad de Cuidados intensivos, pero esta vez ya no quería volver mi cara. Después me puso un algodón y salimos del hospital.

Miré el hospital a los ojos

Miles de cosas dentro de mí cambiaron. Ya no tenía más miedo, ahora estaba determinado, aunque fuera solo por ese día. Me subí en el carro, que me estaba esperando en el parqueo, y mi hermano menor, Luis, nos trajo de regreso a casa.

Mientras pasamos al frente del hospital, recuerdo quedarme viéndolo fijamente a los ojos.

Miré así como un niño, que le tiene miedo a un matón y no puede verlo a los ojos. Así quizá estaba yo antes de que me drenaran la herida. Pero cuando pasé al frente del hospital, lo vi a los ojos, como el niño que se rebela contra el matón. Y recuerdo una idea que salió de mi espíritu, sumamente segura y llena de autoconfianza, diciendo: *"Ya no te tengo miedo"*.

Mientras íbamos en el carro, no mostré mayores emociones. Pero por dentro tenía un fuego en mi pecho que me gritaba: *"Realmente pensé que no saldría vivo de aquí"*. Era hora de regresar a casa, pero ya no como el Minor que fui, sino como una nueva versión de Minor...

EN NUESTRO HOGAR

Llegamos a nuestra casa y ahí me estaban esperando mi mamá y mi prima Maritza o "Mari", como le digo yo, quien ha desempeñado un rol, que va más allá de cuidar a nuestras chicas, ha sido como la segunda mamá para ellas.

Me hicieron un recibimiento, que se asemejaba más al regreso de un viaje, que a la salida del hospital. Recuerdo que mi hermano acomodó el carro y me pusieron un "banquito" para poder bajar.

Me rasuré el cabello
Durante mi estadía en el hospital, como ya me habían hablado de la palabra "cáncer", me adelanté a los hechos y me rasuré el cabello, casi totalmente.

En ese tiempo, no tenía clara la diferencia entre radioterapia y quimioterapia, menos aún, cuál me darían a mí. En mi imaginación, me iba a quedar *"pelón"* de todas maneras, además, como buen calculador, pensé que podría reducir las posibilidades de contraer algún tipo de infección si tenía el cabello corto durante mi hospitalización.

Mila me había llevado un paquete grande de esos champú, que compramos cuando vamos a la playa. Son unos "paquetitos" pequeños, usualmente de colores, pero usarlos fue imposible para mí.

Lo intenté varias veces, pero se me cayeron en el baño y como no podía inclinarme a recogerlos, ni tampoco llamar a las enfermeras, porque estaba *"como Dios me trajo al mundo"*, pues simplemente no los pude usar. Así que, en general, cortar de raíz el problema o más bien, mi cabello, fue la mejor solución que se me ocurrió.

Por lo tanto, al bajar del carro, imagino que mi corte de cabello, también generó un cierto impacto en los presentes, sumado al hecho de que me movía con dolor.

Quienes nos cuidan con amor

Aquí se vino otro cambio más: la cama. En la camilla del hospital, a pesar de ser tan alta y tan incómoda, yo ya había adquirido cierta "*técnica*", para acostarme. Ahora nos tocaba, volver a ingeniárnoslas en nuestra cama, para poder acostarme. Hablo en plural, porque mi esposa fue mi soporte.

Mi hermosa esposa debería ser quien escriba esto y no yo. Si ustedes creen que pasé cosas difíciles, les digo que son pequeñas en comparación con lo que ella ha sufrido.

Para ustedes que son familiares cercanos de un paciente, para quienes tienen que cuidarlo día y noche, mi admiración, mi amor y mi más grande respeto. Mientras yo con mi historia escribo un libro, ustedes con su amor, escriben la vida. Sepan que su esfuerzo no es en vano.

Mientras estaba en el hospital, tenía un compañero a mi lado, don Carlos, según me contaron, fue piloto comercial de aviación y profesor de pilotos por 40 años. *Casi nada...*

Recuerdo, que cuando regresé de la Unidad de Cuidados Intensivos al salón, estaba a su lado, su amigo don Víctor, cuidando de él. Recuerdo perfectamente, que le dije: "*Don Víctor, Dios va a ser quien le sostenga la mano a usted, como usted lo está haciendo con él*". Tengo recuerdos confusos del porqué dije eso, pero fue algo que vi algo como una idea gráfica en mi mente.

Cuando salí del hospital y me recuperé un poco más, recuerdo que esa experiencia me inspiró y empecé a buscar desesperadamente, en el internet, una fotografía que, en algún momento de mi vida, había visto, pero estaba guardada en algún lugar, muy escondido de mi cerebro.

Dicha fotografía resultó ser un cuadro famoso llamado *"El Per-donado"* o en inglés *"The Forgiven"*, hecho por el pintor Thomas Blackshear. Cuando encontré en el internet, la imagen que tenía en mi mente, me di a la tarea de buscar un pintor que me ayudara a recrearla. Así fue como, hoy en día, tenemos esa pintura en la sala de nuestra casa.

Dios no solo nos perdona, sino que no olvida el bien que hemos hecho. Así que para ustedes, familiares y amigos verdaderos, que saben lo que es llorar sangre, sientan esperanza en su corazón, porque nada de eso se irá, sin su respectivo pago.

PASÉ EN CAMA

La mayor parte del tiempo la pasé en cama. Solo podía dormir de medio lado, así que tenía solamente dos posiciones. Mi esposa me dejó la cama y durmió en nuestro cuarto con un colchón en el piso.

En esos primeros días, tenía unos dolores de cabeza muy intensos. Era algo "normal", según nos habían dicho, porque había perdido líquido "cefalorraquídeo" (*esa palabra, está para un concurso de deletreo*).

En un lenguaje más "*casual*", es el líquido que tenemos en el cerebro. Como me abrieron la médula, seguramente se me salió un poco de esa "*madre*", yo qué sé. La cosa es que me dolía mucho la cabeza y la recomendación médica era tomar mucha agua.

Levantarme en cámara lenta

Cuando me tenía que levantar a media noche a orinar, siempre era una "*carrera en cámara lenta*", es decir, me daban ganas fuertes de orinar, pero tardaba como 10 minutos en levantarme de la cama. Fueron incontables las veces que creí que me orinaría de nuevo encima. Hoy en día lo recuerdo con cierto humor, pero en su momento, me generaba un gran estrés.

Tenía que despertar a Mila para levantarme, mientras iba a orinar y también para que me ayudara a acostarme nuevamente.

Como no podía darme vuelta sobre la cama, tenía que levantarme y caminar hasta la otra orilla de la cama, para poder descansar un lado de mi cuerpo. A pesar de estar tantas horas acostado del mismo lado, ese dolor no era nada, en comparación con el dolor de mi herida y mi cabeza.

Otra de las cosas "*aburridas*", era tomar pastillas. Si ustedes se preguntan en este punto: *¿pero por qué, si era solo abrir la boca?*, pues es porque no les he explicado bien, que no podía moverme en la cama y eso incluía, levantar mi cabeza. Por lo tanto, para tomarme una simple pastilla, tenía como mínimo que sentarme en la cama.

EN ALGÚN MOMENTO ME SENTÉ

Mi percepción de esos días es que eran interminables. El día y la noche solo se diferenciaban por la luz del sol. Para mí, era la misma cosa. Acostado, inmóvil, soportando dolor, levantándome a como podía, orinando y volvía el ciclo.

Me habían dicho que debía tener cuidado con una infección, así que le dije, a mi esposa, que no quería recibir visitas. Había familiares y amigos, que nos habían demostrado su amor en esos momentos y querían verme. Yo me sentía hecho *"pedazos"*, por lo tanto, al eliminar las visitas, tampoco contaba con ningún tipo de distracción.

Salí del hospital el día viernes 26 de enero del 2018, apróximadamente a las 3:00 p.m. Y para el día siguiente, es decir, sábado, ya me había podido sentar en las sillas del comedor de nuestra casa. Esos eran nuestros pequeños logros.

Mi esposa fue quien lavó mi herida, tres veces cada día, durante muchos días. Ella fue mi enfermera, mi psicóloga, mi doctora, mi jefa, en fin, mi todo. Sin ella, posiblemente no hubiera podido salir de esa situación.

NUEVAMENTE EL PÁNICO

Nuestra familia se unió para ayudarnos de manera incondicional. Por ejemplo, al día siguiente (domingo), todos los hermanos de mi esposa, coordinaron para salir al cine y llevar a nuestras hijas. Mila en cambio, se quedó todo el día a mi lado.

Me llamó un poco la atención que ellos no habían enviado fotos del evento. Sin embargo, no fue sino hasta un par de días después, que me enteré que, mientras iban de camino al cine, tuvieron un leve accidente de tránsito, que terminó con varios revisados en el hospital y que gracias a Dios, no pasó a más.

Mila ya me había dicho que tenía la impresión de ver brotar un líquido "extraño", de mi herida. Yo no le daba mucha importancia y más bien, hacía lo posible por cambiar el tema. Sin embargo, al caer la noche, ella contactó a otra de "*mis*" doctoras favoritas (la doctora Angie López) para hacerle la consulta.

Cuál fue nuestra sorpresa, que ante la consulta, la doctora llegó directamente a nuestra casa a revisarme. Al pedirme que me descubriera la espalda para ver mi herida, me entró un miedo incontrolable, que se atenuó con su diagnóstico: "*lo mejor es ir de nuevo a Emergencias en el hospital*". "*¡Nooooo!!!!! Por Dios!*", me dije.

Recuerdo como si fuera hoy, que me desesperé incontrolablemente. Es decir, no era solo ganas de llorar, era una profunda frustración, ante la idea de soportar nuevamente, si iban a "*dre-

nar" mi herida o quién sabe qué más.

Otro reclamo injusto a Dios

Recuerdo que me senté a como pude en el sillón de mi casa y mientras lloraba del miedo, le pegué un grito desesperado a Dios reclamándole enojado: *"¡Sanguinario! ¿No le basta lo que ya pasé?"*...

Yo, en tono de broma, a veces me imagino que Dios, seguramente está concentrado tomando decisiones importantes, qué sé yo, en temas del hambre en el mundo o decidiendo qué hacer con el penal, que está a punto de lanzarse en la final de fútbol, porque tanto el jugador como el portero le pidieron su intercesión.

Es decir, *"carajadas"* importantes, cuando de repente, mis oraciones le saltan como una notificación de correo electrónico, llena de etiquetas de color rojo, como: *"¡Peligro, atención, cuidado!"*... Seguro ha sido así, como he capturado su atención.

Después de tratar a Dios injustamente así, a pesar de que me había regresado a mi casa y **caminando**, tal como le había dicho que me gustaría, procedió (como es su costumbre) a ayudarme con un montón de *"casualidades"*. Tantas, que no me quedaba más remedio, que arrepentirme de corazón (nuevamente).

Justo mientras yo hacía el *"berrinche"*, Mila le había enviado un mensaje a *"nuestra"* neurocirujana favorita, la doctora Alvarado.

Estamos hablando de que era su *"domingo en la noche"* y no cualquier domingo, era el domingo después de que tuvo que operar casi a todos en el cuarto piso, del Hospital México, incluida mi operación, de no sé cuántas horas.

A pesar de todo eso, ella no solo contestó, sino que procedió a darnos indicaciones detalladas, las cuales, incluyeron hasta la receta médica, para un medicamento especial que necesitaba, llamado "Diamox". *¿Cómo no voy a sentir yo admiración, cariño y agradecimiento en lo más hondo de mi corazón por ella?* Ella es una profesional en todo el sentido de la palabra. Además de ser una eminencia en su área, es un ser humano excepcional.

En medio del *"desmadre"* o más bien de mi pánico extremo, llegaron también mi cuñado Luis Diego con su esposa Sonia, ambos profesionales en Farmacia con amplia experiencia. Venían a dejar a nuestras hijas.

¿Parece una coincidencia verdad? Aún no, porque el cuento sigue...

Resultó que de los medicamentos que me había prescrito *"mi"* neurocirujana favorita, había uno que no se vendía en las farmacias: el famoso "Diamox".

La doctora nos dio esta indicación: *"si consiguen esos medicamentos, pueden esperar a mañana para ir a Emergencias nuevamente"*. Pues bien, gracias a la tenacidad y el deseo de ayudar de Sonia y Luis Diego, pudieron conseguir el medicamento. Incluso a pesar, de que no se vende al público, sino que es de uso hospitalario únicamente. Así pudimos pasar esa noche de domingo en casa.

¡YA ESTOY BIEN!

Mi hermano mayor, Jose Eduardo, fiel a su estilo de ayudarme cuando sea y como sea, manejó hasta el Hospital Clínica Bíblica, que fue donde nos vendieron las pastillitas que necesitaba y nos las trajo.

Imagino que la primera pastilla me la fui tomando por ahí de las 10 p.m. Después de eso, nos acostamos a dormir.

Por ahí de la 1:00 a.m., desperté y me sentí extrañamente mejor. Recuerdo que también desperté a Mila y le dije: "*¡Flaca, yo no sé qué tenía eso, pero ya estoy bien!*".

Me sentía con mucha más energía que los días anteriores, el dolor en la herida seguía, pero me pude levantar más rápido de la cama y pude orinar con más tranquilidad. Algo extrañamente "*mágico*", me sucedió.

No fue solamente un efecto pasajero, porque, a la mañana siguiente del lunes, igual pude levantarme con más fuerzas de la cama. Además el dolor de cabeza había disminuido también.

DE VUELTA A EMERGENCIAS

Aunque yo lo deseara con todas mis fuerzas, no me salvaría de ir de nuevo al hospital. Tenía que hacerlo, sin embargo, esta vez lo hacía con otra actitud. Recuerdo que nos levantamos en la mañana, seguimos los mismo rituales para bañarme, desinfectar mi herida, ... y una vez listos, mi hermano José Eduardo, nuevamente, nos sirvió de *"chofer designado"* y nos llevó de regreso al servicio de Emergencias.

El cáncer es un tabú

Cuando llegamos, nuevamente, tuvimos que pasar por el mismo proceso, el diagnóstico previo y después esperar a ser atendidos. Recuerdo que, mientras esperábamos, vi de lejos a una amiga de mi adolescencia. Alguien me había mencionado que ella también estaba pasando por el cáncer, por lo tanto, al verla conecté las ideas y esperé a que pasara cerca para saludarla.

Deseaba preguntarle muchas cosas: *¿Cómo va el proceso?*, *¿Cómo te sientes?*, *¿En qué andas hoy?* *¿Duele?*... además contarle que, al parecer, nos unía el nombre de una enfermedad. Sin embargo, mi mayor sorpresa fue cuando se acercó a mí y sin permitirme articular una sola palabra, me dijo: *"¡Hola! Ando haciéndole un encargo a un amigo, nos vemos, adiós"*.

¡Híjole, qué fue eso! Me pregunté. Un momento, ¿Por qué el cáncer debe ser un *"secreto"*? No comprendí eso. Esa fue mi *"bienvenida"* a un *"submundo social"* que jamás habría imaginado que existía. Espero de corazón, que las personas que lean mi historia, com-

prendan la importancia de respetar el dolor ajeno, y también, que los compañeros que se ocultan, se sientan apoyados. Sé que hay muchas personas que no mueren por la enfermedad, sino por la depresión de cargarla.

Yo mismo lo he vivido en carne propia cuando tenemos que decir que tuvimos cáncer y las personas arrugan la cara o nos ven con ojos de *"pobrecitos"*. No todas las personas tienen el apoyo que yo tuve. A mí se me hizo y se me sigue haciendo natural, hablar libre y abiertamente del tema, pero he tenido una red de apoyo sumamente robusta y grande.

Tuve la bendición de atravesar la enfermedad con un núcleo familiar, formado por una esposa, de quien no me considero digno, dos hijas que me llenaron de fuerza, una familia que solo amor ha tenido para mí y tanto amigos como compañeros de trabajo, que han actuado como verdaderos ángeles.

Para eso escribo este libro: Dios permitió el dolor de mi enfermedad, pero también me dio el amor para sobrellevarla. Yo soy la voz de los que no tienen voz. Yo hablo por los que sufren en silencio. Nuestras lágrimas no serán en vano. Nuestra sociedad requiere más educación en el tema, nos urge la empatía y la caridad.

No soy prioridad

Regresando al relato, mientras estaba mudo de la impresión por lo sucedido, nos tocó el turno de ser atendidos. Esta vez, tuve que ingresar solo, así que mi esposa se quedó afuera esperándome.

Me quedé esperando de pie, en realidad, gracias a lo sucedido la noche anterior, yo me sentía de maravilla. Solo tenía que esperar con paciencia. Aproveché el tiempo para rezar un poco, también para filosofar con el montón de escenas que veía.

Mientras estaba en esas, recuerdo que alguien me regresó a la tierra con su queja: *"¡Qué pereza, aquí duran toda la vida!"*. En mi cabeza pensé: *"Si usted supiera lo que significa que lo atiendan rápido, no lo estaría pidiendo"*, pero solo le respondí con un *"mmm"* y me aparté de su lado.

Al rato se me acercó un doctor y me dijo: *"mirá, vas a tener que esperar, porque todas las neurocirujanas están arriba en salón, entonces espera con paciencia"*. Así nació una frase célebre, que le dije a mi esposa, cuando al poco tiempo apareció y me preguntó: *¿Amor qué le dijeron?*

"¡Que gracias a Dios no soy prioridad!"

A mediados de la tarde, aparecieron todas las neurocirujanas del hospital, casi simultáneamente y procedieron a revisarme. Lo más difícil fue tratar de acostarme en una camilla, pero, en general, recuerdo sentirme mucho mejor. Así que me recetaron más medicamentos y gracias a Dios, volvíamos de regreso a casa.

MI RECUPERACIÓN EN RESUMEN

A partir de aquí, inició un camino lleno de historias, que me darían para escribir otro libro y, quizá, Dios me guíe para hacerlo. Mientras tanto, solo voy a darles un vistazo general.

Durante los primeros días de mi recuperación en casa, me quedó un movimiento involuntario en la mano derecha. Mientras trataba de caminar, movía mi brazo sacudiendo la mano, como formando un círculo con mis dedos. Ese movimiento me tranquilizaba la mente.

Recuerdo que ante la preocupación le dije a Mila: *"Cielo, a pesar de que muevo mucho la mano, no es un movimiento involuntario. Es solo que siento un alivio en la cabeza si la muevo así"*.

Toda mi familia estaba muy pendiente de mí y todo lo que hacía. Recuerdo especialmente un día, que se me resbaló una cuchara de las manos y fue a dar al piso. Con solo que hice un pequeño intento a recogerla, escuché tres voces que gritaron: *"¡Minor, Nooooo!"*.

Fueron Mila, Mari y mi mamá. Yo, en esos momentos, no era el mismo de siempre, es decir, terco como mula, sino más bien, estaba emocionalmente muy frágil. Ellas no me dijeron nada malo, pero, en mi cabeza, *"usted no tiene que recogerla, nosotros lo hacemos"*, me sonó a regaños.

En su inmenso amor, no querían que hiciera nada, pero yo lo empecé a tomar mal y empecé a sentirme discapacitado.

En un momento dado, se me ocurrió una idea y le dije a Mila que coordinara, una visita en casa con "*mi*" fisioterapeuta estrella Vicky. Quería verla y también que me ayudara. Recuerdo que, cuando ella llegó, me dio unos ejercicios que podía hacer en la cama, sin embargo, lo que realmente deseaba de ella era que me respondiera sinceramente una pregunta. Así que aproveché un momento en que me estaba mostrando cómo subir una grada y le solté sin anestesia: "*Dígame algo sinceramente. ¿Ahora soy un discapacitado?*". No recuerdo el detalle, pero solo recuerdo que su respuesta era un: **no**.

Conforme avanzaron los días, empecé a caminar un poco mejor. La visita de Vicky también me abrió el mundo, porque me dijo que podía intentar salir de la casa con cuidado. ¡Ah! ¡Para qué lo dijo!

Esas indicaciones sí las tomé al pie de la letra y empecé a caminar hasta donde podía. Recuerdo que, con mucha dificultad, inicié caminando menos de 50 metros. Pero lo importante no era la distancia, sino ser constante. Aproveché cada día y cada momento que pude para recuperarme. Cada día un poco más.

Sin embargo, también experimenté una tristeza muy profunda. Llegué a pensar que así era la depresión, hasta que en psicología, me dijeron que se llamaba: **duelo**.

Cuando regresé al salón, después de mi cirugía, vi que a mi compañero (don Carlos), intentaron cambiarle la vía intravenosa y no pudieron. El enfermero, no encontró un espacio "*libre*" en sus brazos para meter la aguja, porque habían sido muchas, las que le habían puesto ya. Las vías se cambian cada tres días. Al rato, llegó otro y siguió intentándolo, hasta que lo consiguió. Sin embargo, mientras le introducía la aguja, recuerdo que me vio fijamente a los ojos, con una mirada llena de angustia y dolor. Yo lo interpreté como: "*¡Minor, ayúdeme!*".

Esa mirada me quedó grabada, y me perturbó durante varias semanas, día y noche. Supuestamente, él saldría del hospital dos semanas después. Sin embargo, cumplido ese plazo, me enteré que seguiría internado... Eso me destrozó. Después de saberlo, salí a caminar y empecé a llorar desconsoladamente, en la calle. Regresé a mi casa, a buscar mi tarjeta de crédito y mi pasaporte. Ese día, estuve a punto de irme al aeropuerto, a buscar cómo salir del país. Sin importar el destino. Gracias a Dios, estaba tan mal físicamente, que fue imposible para mí.

Pasamos por muchos altos y bajos. ¡Que lo diga Mila! Pero en general avancé, y Dios mediante el tiempo, curó mis heridas. Mi nuevo estilo de vida, fue mi terapia por mucho tiempo. Así como en los últimos meses, lo ha sido este libro.

Rescatando lo bueno, mis hermanos también tienen gran responsabilidad en que, hoy en día, goce de buena condición física (*gracias a Dios*). El asunto fue así: con mi hermana Ana Guiselle, salía a caminar; con mi hermano menor Luis, a correr; y con mi hermano mayor Jose Eduardo, a andar en bicicleta. Ellos tienen solo un ejercicio, mientras a mí me pusieron a hacer los tres.

En fin, ya, en un tono más serio, empecé a empujar los límites cada vez más y eso me fue llenando de autoconfianza. Me puse metas tan altas, que, en mi cabeza, sonaban ridículas. *¿Qué pensarían, si alguien que ni siquiera camina bien, les dice que se va a preparar para andar 10 horas seguidas en bicicleta?*

Pasé por el Centro Nacional de Rehabilitación (CENARE) y fue una experiencia muy enriquecedora. Cambié mi estilo de vida, por completo. Me eduqué, mejoré mi alimentación, hice tiempo para el ejercicio. Aprendí mucho sobre mis emociones y pensamientos. Finalmente, dediqué mucho tiempo a cultivar mi espiritualidad.

LA PUNCIÓN LUMBAR

Justo antes de iniciar la radioterapia, tenían que hacer un procedimiento considerado *"de rutina"*. El doctor Blanco me lo había explicado, con palabras muy simples y a mí me sonó como una inyección.

El día antes del procedimiento, me dio por investigar un poco en internet el tema y descubrí que, quizá, no sería tan de rutina como yo pensaba. El doctor Blanco y yo generamos lo que considero, a mis ojos, como una excelente relación médico-paciente. Muy buena química.

Un dato curioso, recuerdo que cuando lo conocí, yo estaba empezando en el mundo del atletismo y el ejercicio, así que había estado meditando por varios días, cuál sería el mejor reloj deportivo por usar, de manera que me ayudara a controlar mis indicadores físicos.

En esa primer cita, lo que más me llamó la atención fue que usaba un reloj *"Polar"* (son unos relojes usados para hacer ejercicio de alto impacto). Ese detalle me capturó.

Al punto que, en una de nuestras primeras citas, mientras me estaban aplicando la radioterapia, cuando me hizo la pregunta: *¿Alguna duda?*, yo le respondí con otra pregunta: *¿Doctor, qué opina usted de su reloj, me lo recomendaría?*...

En fin, volviendo al día de la punción lumbar, a pesar de que sentía un poco de miedo, me hice la firme promesa de confiar en Dios. Mi diálogo interno fue tipo San Pedro con la negación: *"Señor, pase lo que pase, en esta no te voy a reclamar"*.

Llegamos al hospital y el doctor Blanco nos recibió como siempre, con una sonrisa y con buena actitud: *"tranquilo Minitor, ya lo vamos a pasar"*.

Cuando por fin me llamaron, nos pasaron a Mila y a mí, a la sección interna de radioterapia. Sin embargo, ella ingresó solo un instante, porque tendría que esperar afuera. Ahí el doctor Blanco me presentó a su colega (quien no recuerdo su nombre, pero era un doctor joven y un poco tímido). Él estaría encargado de hacerme la punción lumbar.

Me acomodaron en una camilla y tuve que quitarme la camisa. A pesar de que el doctor Blanco sea una eminencia en su campo, el lenguaje que emplea conmigo al conversar, es el mismo que usarían dos amigos, a la salida de un partido de fútbol. Muy "normal".

Él me había dicho algo que yo había comprendido como: *"Tranquilo Minitor, eso es cualquier cosa. Es de rutina. Solo te extraemos un poquito de líquido de la médula para analizarlo"*.

La verdad eso era cierto, la cosa es que yo, en su momento, por el miedo, lo habría descrito como: *"Le van a meter en la espalda, una aguja gigante que irá perforando todo. Justo cerca del lugar en donde fue su cirugía por cierto. La anestesia no sirve para nada, así que ni se confíe. Además, si la aguja tocara el hueso o algún nervio, le va a doler en put#, pero es igual como cuando estaba taladrando la pared de la casa para poner un gancho y colgar un cuadro, si topaba con una varilla, solo sacaba el taladro y hacía otro hueco"*.

El miedo exagera todo. En fin, volviendo al tema, mientras estaba acostado en la camilla, tuve que colocarme de medio lado, en posición fetal. Ahí, el otro doctor inició el procedimiento.

Yo tenía dos encargos: el primero era no hacerle ningún grito extraño a Dios y el seguro, era morder la camisa para soportar el dolor. Eso hice, mientras el otro doctor introducía la aguja, recuerdo el dolor intenso en mi espalda, sin embargo, era manejable. Recuerdo que, en un momento, sentí un dolor fuerte en mi pierna derecha, definitivamente me atravesó o me tocó un nervio.

A como pude le dije al doctor: *"Doc, creo que me tocó un nervio, pero siga adelante porque ya lo atravesó"*... De ahí, no recuerdo nada más hasta que desperté nuevamente.

Cuando recuperé la consciencia, tenía una mascarilla pegada a un tubo de oxígeno en la boca y me vi lleno de sudor. Fue sumamente extraño, recuerdo que, después de ese momento, cuando perdí la consciencia, entré como en un sueño en donde iba en algo similar a un tren a toda velocidad. Al lado, podía ver cuadros, como si fueran fotografías, pero solo se veía el marco, no pude ver ninguna con detalle en realidad.

Durante ese tiempo, según nos dijeron después, empecé a convulsionar. Justo, en el mismo salón, se estaba dando una capacitación para las enfermeras, por lo tanto, yo fui como el "exámen práctico" para ellas. Al despertar, recuerdo que tenía un montón de personas con cara de "asustadas" al lado de mi camilla. Por muy pequeños instantes pensé: *"¡A los diablos, quién sabe qué pasó aquí!"*. No sabía si era al doctor que le había pasado algo o por qué se daba tanto alboroto.

Me tomó unos segundos darme cuenta que yo estaba en posición fetal, pero ahora estaba boca arriba, según yo, solo aparatos.

Me hacían preguntas normales, como el nombre, donde vivo... Yo estaba *"en todas"*.

Según Mila me contó, ella estaba en la sala de espera, hablando por celular, cuando vio pasar al doctor Blanco rápidamente. Ni idea tenía de que yo había convulsionado. Recuerdo que, cuando me "revivieron", me dejaron un tiempo en la camilla y el doctor Blanco me revisó. Me explicó lo que había pasado pero no le entendí mucho, solo que estaba bien. En mi mente, solo tenía claro algo, no le había reclamado a Dios, así que era un pequeño logro personal. Sin embargo, también aprendí a tener humildad en ese tema, porque, como ser humano, soy muy frágil.

Tiempo después, en otra cita con el doctor Blanco, recuerdo que, al consultorio, ingresó el doctor joven, quien me hizo la punción lumbar y me preguntó: "*¿Cómo va todo?*", yo de charlatán, porque estaba vacilando con el doctor Blanco, le dije: "*¡Diay aquí consciente, es que no te había saludado estando despierto!*"...

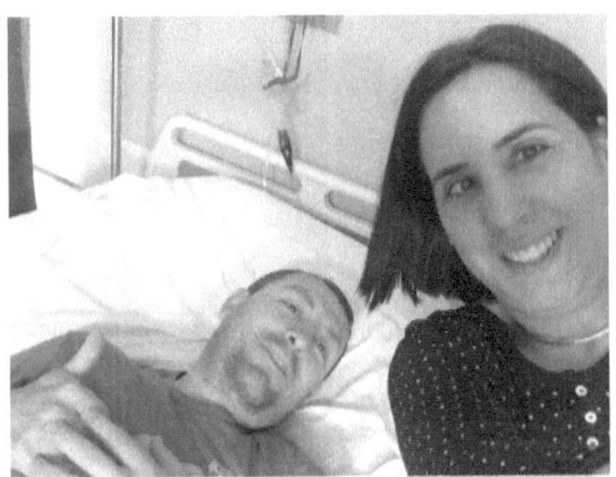

LA RADIOTERAPIA

Me preparé como un atleta de alto rendimiento, para soportar la radioterapia o, más bien, para soportar la idea que tenía en mi cabeza, sobre qué era la radioterapia.

Este tema es siempre confuso, incluso para profesionales. Me he encontrado personas altamente preparadas académicamente, que no tienen la menor idea sobre cuál es la diferencia entre radioterapia y quimioterapia.

"Mi" radioterapeuta favorito, el doctor Blanco, me lo explicó muy simple en la primer consulta y así se los voy a explicar.

Primero que todo, "cáncer" es como la palabra "enfermo", dice mucho y nada. Según entendí, podemos dividirlo en dos tipos: los originados en el sistema nervioso central (cerebro y médula) y los originados en cualquier otro lado.

"Cada caso es específico. No somos como un carro, que siempre se daña y se arregla con el mismo repuesto".

Hoy en día, sigo escuchando personas que me dicen: *"a fulano lo operaron exactamente de lo mismo que a usted"*. Cuando en realidad quieren decir, que a ese fulano, lo operaron también en la espalda.

Entonces, mi padecimiento específico solo se trataba con radioterapia (radiación), no con quimioterapia (químicos). La radioterapia, en mí, no me iba a provocar la caída del cabello. Había escuchado miles de cosas, que, hoy en día, al volver la vista atrás, recuerdo como *"locuras"*.

Sin embargo, me dijeron claramente, cuando iniciamos el tratamiento, que por ahí de la segunda o tercera semana, era muy posible que me sintiera fatigado.

Yo, en ese tiempo, estaba haciendo hasta tres horas de ejercicio diariamente, sumado con un régimen de alimentación muy estricto, que yo mismo me había impuesto. Estaba hecho una máquina, nuevamente, no por ser muy *"tenaz"*, sino por ser un grandísimo *"miedoso"*.

Recuerdo que para el domingo de la tercer semana, cuando se suponía que debía o podía estar fatigado, el doctor Blanco me mandó un mensaje al celular, preguntando cómo me sentía. Yo estaba por empezar, mi primera recreativa de ciclismo, así que le dije a mi hermano que me tomara una foto y se la envié.

Tiempo después, revisando las fotos del evento, me vi de último en el montón de ciclistas, precisamente porque me dejaron en la salida, por estar respondiendo el mensaje del doctor.

27 sesiones de radioterapia

Yo, antes de empezar la radioterapia, la llamaba entre mis amigos: *"achicharronarme"*, porque pensaba que sería como sentarse en la silla eléctrica.

Según yo, sería un proceso terrible que me desgastaría mucho físicamente. Tenía mentalmente mezclados los efectos secundarios de la quimioterapia, con imágenes del internet, de personas extremadamente delgadas, en una cama en fase terminal.

Al inicio de la radioterapia, sentía todo tipo de *"efectos secundarios"*; que mi espalda estaba caliente al terminar las sesiones, que sentía malestar estomacal; que tenía pocas ganas de ir... Pero ya por la décima sesión, me fui dando cuenta que todos esos padecimientos, estaban en mi mente.

El otro día me encontré un paciente en el Hospital México y empezamos a conversar. Él me contó que ese día estaba cumpliendo su tercer día y lo estaban irradiando en el cerebro. Según me dijo, él sentía que todo su cuerpo estaba lleno de "*esa cosa*", algo así como el hombre radioactivo. Le conté todo lo que pasé y cómo llegué a darme cuenta que era mi mente quien fabricaba muchos de los "síntomas" y terminamos la conversación, dejándome percibir un sentimiento de alivio muy interesante.

RETOS DEPORTIVOS

Cumplí más retos y más sueños en este tiempo de recuperación, que los que había hecho antes en toda mi vida. Nuevamente, podría escribir otro libro narrando cada uno con lujo de detalles, pero por ahora, solo diré que, cuando empecé, lo hice verdaderamente de abajo.

Pasé de no poder nadar 15 metros seguidos en una piscina a hacer varios kilómetros. Pasé de no poder caminar bien a lograr correr la media maratón. Pasé de no montar en bicicleta desde que era niño a montarla hasta nueve horas seguidas.

Y, hoy en día, sigo en mi proceso. Dedicarme a escribir este libro ha requerido privarme de muchas cosas, por ejemplo, ahorita es la 1:02 a.m. y estoy vestido en pantaloneta y camisa de correr (*tiritando del frío*).

Se suponía que hoy saldría a correr en la tarde, pero con este libro me pasa peor que con las redes sociales, una vez que lo abro, no puedo dejarlo.

Espero en Dios que estas palabras lleguen a quienes tanto las puedan estar necesitando. Esta es mi mayor esperanza.

UN GIRO EN LA HISTORIA

Sin embargo, voy a darle un giro a la historia, para que puedan ver cómo fue mi camino para recuperar mi salud (*hasta el día de hoy*). Como verán más adelante, hoy en día, veo la salud como algo muy integral en mi vida, no es solo mi peso. Sin embargo, centro mi preocupación en el peso, porque es algo básico. Además, nos afecta a todos, sin importar si estamos o no en el hospital en estos momentos.

Cuando nos sentimos mal, algunos hemos tenido la *"manía"*, de querer que el médico nos dé medicamentos para curarnos. Pero quizá podemos hacerle la vida más simple a nuestros médicos y por supuesto la nuestra también, si tomamos conciencia de las cosas básicas, que tenemos que cuidar en nuestra vida.

En mi caso, no se puede saber médicamente si el cáncer regresará o si no, menos aún, cuando podrá suceder. Pero mientras tanto, la verdad, estoy disfrutando mi vida como loco. Hay un dicho un poco cruel, que dice: "*¡si vives tu vida, como si fuera el último día, en uno de tantos vas a estar en lo correcto!*".

Mientras eso suceda (*si es que sucede*), voy a sacarle hasta el último jugo a la vida; sin embargo, eso no podía hacerlo, mientras estaba con sobrepeso y hecho un "*sedentariazo*".

Así, que ahí les van mis aciertos y errores en el proceso...

SEGUNDA PARTE

* * *

MI CAMINO HASTA EL PESO IDEAL

Me costó mucho llegar a mi peso ideal, pero por ignorante. Ahora comprendo un poco más el asunto y, aunque sigo aprendiendo, quiero exponerles mis experiencias, porque estoy seguro que les sonarán familiar.

En resumen: hidratación, saber qué comer, cuándo comer, hacer ejercicio y tener un buen balance espiritual, emocional y mental. Ese resumen, casi todos lo podemos hacer, pero saber el detalle no es lo mismo.

DEFINAMOS PESO IDEAL

Mi lucha era siempre llegar o andar más o menos, en el peso que debía tener según mi estatura. Mi peso saludable. Llegué a pesar más de 90 kilos, que eran 20 por arriba de mi peso ideal.

La razón principal, que me movía a preocuparme por eso, era mi *"salud"* y hacer todo lo posible por conservarla. Tengo la bendición de amar mi vida, a mi familia, a mis amigos, mi trabajo. Cada uno tiene su razón, incluso las personas que lo quieren hacer por estética. No se puede juzgar.

Hoy en día, hay mucha presión implícita en la apariencia física, principalmente en los adolescentes. Hay montones de imágenes, que nos hacen pensar que debemos ser de cierta manera. Lo que quiero escribirles es todo lo contrario, es un enfoque meramente de salud y, como tal, también implica amarnos a nosotros mismos. Es más, si yo no tuviera ese amor propio, posiblemente habría sido imposible, haber logrado un peso saludable para mi contextura.

Voy a volver el tiempo atrás, incluso más allá del hospital, para compartirles mis historias. Tengo la esperanza de poder motivar a alguien más, al menos intentarlo.

EL "ANTIGUO TESTAMENTO" DE MI ESTILO DE VIDA

* * *

CREER EN MÍ MISMO

Cuando salí del colegio, no pude ingresar directamente a la Universidad, así que trabajé como dependiente en una ferretería. En una de las tantas visitas de los clientes, entró un señor pausado, muy relajado y ameno. Proyectaba una imagen de buena gente. Yo no tenía idea de quién era él, así que fue un compañero quien lo saludó diciéndole: "*¡Don Daniel, lo vimos en el periódico!*".

En ese tiempo, yo estaba pasando por un maremoto de emociones. No sabía qué sería de mi futuro y creía que, por no entrar directamente a la Universidad, estaba "*perdido*". Sentía una presión increíble porque, mientras otros amigos me hablaban de la carrera que deseaban estudiar, yo no tenía la más mínima idea. Estaba a la deriva.

De las cosas más irónicas del mundo, fue que, en ese tiempo recién graduado como bachiller del Colegio, encontré por casualidad un libro, lo leí y mi mundo cambió. Me volví un "*adicto*" a la lectura y empecé a leer como un loco. Literalmente todos los libros del Colegio los leí, porque nunca lo había hecho, incluso los que me evaluaban en los exámenes, sobreviví a puros resúmenes.

Eliminada la presión de leer por pasar un examen, nació una pasión genuina por la lectura. Claro, en mi círculo inmediato, era algo que tenía muy oculto, porque tampoco quería ser tachado de "*bicho raro*".

Así que ese día, conocí al señor Daniel Gallegos Troyo (q.d.D.g.). Desgraciadamente, él falleció sin saber el impacto que tuvo en mi vida. No pude decírselo, de verdad quise preguntarle y decirle tantas cosas, pero no pude. No me sentía digno de hacerle una simple pregunta o solo decirle: **gracias**.

Tengo una imagen de él caminando por la acera de la Iglesia de San Isidro de Heredia, yo lo vi desde un carro y pensé en parar y saludarlo. Pero él jamás entendería lo que hizo por mí, porque, en ese tiempo, tenía un montón de basura en mi cabeza. Ni siquiera conozco sus familiares, pero el día que me enteré de su muerte, sufrí en silencio.

¿Saben qué hizo don Daniel? Solo regalarme su libro… Solo eso, es más ni siquiera supo mi nombre. Pero él fue la primera persona, que conocí en mi vida, que había escrito un libro. Es decir, era una persona de carne y hueso, que hasta me había estrechado la mano y me regaló su libro. Nos trajo uno a cada uno de nosotros en la ferretería.

En mi vida, he conocido solo a dos escritores, que yo tenga consciencia. El segundo, muy cercano, mi suegro don Oscar Luis Sáenz Aguilar, quien también me regaló su libro por cierto, pero ya en una etapa diferente de mi vida.

Es muy claro cuando recuerdo mis experiencias y puedo ver la forma en que alguna impactó mi vida. Algunas personas me habían mencionado que quizá yo podría escribir un libro, pero la verdad me faltaba autoconfianza y no era el momento.

Incluso mientras escribo esto, hay una voz en mi cabeza, que intenta sabotear este proyecto, que me intenta engañar, diciéndome que esto no servirá y que nada cambiará, pero posiblemente una fuerza más grande es quien me da la autoconfianza para seguir adelante.

Con ese mismo ejemplo, me gustaría motivarlos, conocer escritores me hizo darme cuenta que no era imposible. Si ustedes conocen mi historia, tienen que darse cuenta: no es imposible salir adelante de un cáncer.

Tampoco es imposible alcanzar el peso ideal para su salud. Alimenten su autoconfianza con mis experiencias.

INTENTO FALLIDO #1: GIMNASIO

Yo tenía como cuatro años intentando *"formalmente"* bajar de peso y me llegó a parecer imposible. No decía nada, pero es muy frustrante. La frustración inicia cuando algunos me decían una y otra cosa.

Nunca me faltó quien me dijera: *"tome mucha agua"*, ni tampoco el otro con *"tomar mucha agua es malo"*... Con solo ese ejemplo, pueden ver que nunca busqué ayuda o información seria. Me basaba en lo que escuchaba o creía correcto y por supuesto nunca funcionaba.

Pasaba siempre inflamado del estómago y de todo el sistema digestivo, al punto que fuimos a un gastroenterólogo y, con el ultrasonido en mano, me dijo que tenía hígado graso grado II. Es decir, una más y tendría cirrosis (*yo, que nunca tomaba licor*). Con ese diagnóstico, mi situación tenía aún menos sentido.

El técnico, que me hizo el ultrasonido, me asustó mucho con todo lo que me dijo y, al día siguiente, me matriculé en un gimnasio. Fui todos los días entre semana durante dos meses y bajé cinco kilos, quedé como en 85. Me sentía genial y, por supuesto, decidí que ya estaba muy bien y dejé todo tirado. Use el gimnasio, igual como usaba las dietas: temporalmente.

Según yo, tenía que comer menos, pero eso era imposible para mí, así que hice "cambios", como comer *"gallo pinto"* (arroz con frijoles) sin embutidos solo de vez en cuando, preferir el té frío embotellado a los gaseosos y comer frutas a media mañana. Con esos "*grandes cambios*", me quedé entre 85 y 87 kilos. En mi opinión, no volver a tener 90 era un gran logro (según yo). Lo peor eran mis pantalones, 90 kilos significa talla 36.

Sin embargo, a pesar de tener el hígado tan dañado debido a la grasa, no me veía tan "*exageradamente*" gordo tampoco y ahí estaba otro engaño silencioso del sobrepeso.

Este tema es como dice la canción: "*la pinta es lo de menos*".

INTENTO FALLIDO #2: VOY A "COMER SANO"

Recuerdo, como si fuera hoy, el día que me armé de valor y le dije a mi esposa en el supermercado: *"Cielo, a partir de ahora voy a comer sano"*. Voy a llevar cereal para desayunar en vez de *"gallo pinto"* y embutidos... Galletas de las de empaque *"saludable"*, jugo de naranja del que trae más color en la etiqueta y dice "natural" (*suena a broma, pero no miento*). Hoy, que ya comprendo como es el asunto, hasta cuesta creer que uno actúe de esa manera.

El concepto de comer saludable está cada vez más enredado y esa ignorancia, que tenemos, es un enorme beneficio para las empresas de alimentos industriales. Hasta cierto punto, esa ignorancia es aprovechada e incluso es incentivada entre las masas.

Hay un empresario costarricense muy conocido, que escribió en sus redes sociales: *"si las personas comieran madera, yo personalmente me encargaría de empacarla y venderla"*. No podemos juzgarlo, él tiene montones de empleados que sostener y se ha hecho luchando en contra de la adversidad, pero esa afirmación resume el pensamiento de los todos los alimentos industriales.

El problema es que solo es necesaria una buena campaña publicitaria, un empaque bonito y un poco de palabras como *"100%*

natural", para que nosotros vayamos a comprar "*madera empacada*" para comer. Si ustedes no me creen, es porque no se han dado cuenta que, prácticamente todos los días, están comiendo algo similar a la "*madera empacada*".

INTENTO FALLIDO #3: LOS BATIDOS

Yo de verdad quería estar bien. Es decir, no era solo en la mente, sino que tomaba acciones reales para ver cómo lograrlo, pero nada funcionaba.

Recuerdo que vi un documental en *"Netflix"* que se llamaba *"Gordo, enfermo y casi muerto"*. Narraba la aventura de un hombre, que se alimentó a puros batidos verdes durante no sé cuánto tiempo y así bajó de peso. Al bajar de peso, también se curó de una alergia terrible que tenía. Entonces empezó a promover los batidos como una forma de alimentación saludable.

Yo, por supuesto, empecé con los batidos verdes, de frutas y de todo tipo. Hasta me conseguí la máquina de batidos, de esas que uno mete la manzana y le sale el jugo por el otro lado. Aquí la estoy viendo en la cocina mientra escribo esto, por supuesto tengo tiempo de no usarla, al final van a entender el porqué.

En este tiempo un día típico para mí era:
- Desayuno: batido de frutas
- Media mañana: batido de otras frutas con galletas de supermercado.
- Almuerzo, tarde y cena como siempre.

Estoy describiendo, en los intentos fallidos, lo que comía, no para enredarlos, sino para que comparen, en caso de que hayan hecho este tipo de cambios y no vean resultados.

INTENTO FALLIDO #4: VEGETARIANO Y VEGANO

En el montón de documentales que vi, me encontré los vegetarianos y empecé a probar con eso. Hasta recuerdo que me uní a un grupo de "facebook", pero no entendía porque el asunto tenía un enfoque como "*moral*".

Como ya es más que evidente, me metí en eso sin saber a dónde iba; como si me invitaran a una fiesta de gala y apareciera en chancletas y camiseta sin mangas, pero comprendiendo mi error hasta pasada la cena...

En mi caso, me pareció rarísimo que había un poco de gente "*lapidando*" a otros por lo que comían, así que perdí todo interés en ese tema. Sé que algunas personas tienen un interés válido por el bienestar animal y eso es muy noble, pero también encontré muchas personas más rápidas para juzgar que yo.

Resultó que ese movimiento estaba más enfocado en salvar a los animales, que en comer sanamente. Hay cosas que se consideraban "*veganas*", pero no son nada saludables, como una dona rellena de dulce por ejemplo. Así que este intento fallido murió rápidamente.

INTENTO FALLIDO #5: LOS SÁNDWICH DE TOMATE Y LECHUGA

Para que ustedes se den una idea del nivel de tensión, que generé en esos días desesperados, este intento fallido estuve a punto de olvidarlo y fue precisamente mi esposa quien me recordó que existía.

Durante ese tiempo de "*oscurantismo e ignorancia*" pero mucha creatividad, se me ocurrió que podría realizar un cambio, solamente a media mañana y media tarde. Quizá esa era una forma suave de iniciar y así el cuerpo se iría acostumbrando a la lechuga y al tomate. Ahí fue donde entraron los sándwich de tomate y lechuga, sin nada de jamón, porque (según yo), me estaba "*cuidando*".

Obviamente el pan, que usaba, era de ese cuadrado de supermercado o bien pan blanco. Con una proporción de "*mucho pan*", una hoja de lechuga y una rodaja de tomate. Algo totalmente insípido.

Es increíble para mí, hoy en día, que yo hiciera esas cosas, pero, de nuevo, se necesitan muchos errores para un verdadero acierto.

INTENTO FALLIDO #6: LAS SOPAS

Este sí estaba *"mortal"*, Albert Einstein se hubiera deseado mi imaginación. El problema es que no me bajaban los vegetales.

Comer *"sano"* me parecía una cosa imposible. Entonces se me ocurrió una idea genial: hacerlos en sopas. Ya con condimentos la cosa cambia.

Mi pobre esposa y Mari, tenían que soportar mis cabezonadas, pero creo que es así como se encuentra la solución de un problema.

"Caminante no hay camino, se hace camino al andar".

Las famosas sopas estaban llenas de verduras harinosas como la papa, el camote, la yuca... Además, por supuesto que acompañaba las sopitas con arroz y mi cambio era solamente para el almuerzo porque, en las mañanas, según yo, comía pan integral (*de ese cuadrado que venden en el supermercado*), como si eso se pudiera llamar *"integral"*.

A duras penas logré mantenerme en los 85 - 87 kilos. En ese tiempo, no tenía ni idea de lo que era la grasa corporal o los músculos. Para mí solo importaba el peso. Mucho menos entendía la diferencia entre las proteínas, los carbohidratos y las grasas. Eso es vital saberlo, por lo menos lo más básico, si uno necesita mejorar su salud física.

INTENTO FALLIDO #7: LA INCONSCIENCIA Y LA IGNORANCIA

Dicen por ahí: "*cuando uno no sabe a dónde va, pues ya llegó*". Ni siquiera sé porqué, pero tenía un gran deseo de irnos a vivir a otro país. Quizá por cancelar mis planes de viaje a Chipre en Turquía, mientras estaba en la Universidad. No lo sé.

Tenía justificaciones de todo tipo en mi cabeza, por nuestra relación de esposos, por nuestras hijas, por nuestro crecimiento personal.

Andaba, constantemente, buscando lo que no había perdido y Dios sabe que lo hacía sin mala intención. El deseo no tenía sentido, porque he podido conocer otros países y ver la gran cantidad de ventajas que tenemos aquí en Costa Rica.

Claro eso era como las enfermedades psicosomáticas, el hecho de que no sean físicas, no significa que no existan. El hecho de que esas voces no se quedaban quietas en mi cabeza, no quiere decir que no me agobiaran.

La ignorancia y la inconsciencia combinadas, no me dejaban en paz en ese momento. Ignorancia porque no entendía la diferencia entre una **emoción** y un **pensamiento**. Inconsciencia porque, al no entenderla, menos sabía porque me sentía mal sin tener razones.

Yo escuchaba eso de "*el estrés engorda*", pero como no sabía realmente lo que significaba, era solo un concepto abstracto.

No tenía balance en mi vida y menos las prioridades claras. Algunas veces la mayor prioridad era el trabajo, en otras la familia, en otras mi esposa, en otras nuestras hijas.

Era, a nivel mental, un desastre sin sentido y eso no es gratis. Tenemos que pagar el precio y nuestro físico es bueno para eso.

INTENTO FALLIDO #8: ORGULLOSO DE SER IGNORANTE

Cuando no sabía que algo me hacía mal, actuaba como un ignorante. Pero cuando lo sabía y aún así, seguía haciéndolo lleno de orgullo, actuaba como un _________. Ustedes pónganle el título. Eso mismo fui casi toda mi vida de adulto.

Desde mi casa hasta el supermercado del "*chino*" más cercano, hay solo 200 metros y son casi planos. Si tenía que ir a comprar algo, iba en carro todo el tiempo, pero recuerdo que una vez fui caminando y llegué agitado al supermercado. Casi no podía hablar, para preguntar por dónde podía estar lo que buscaba.

En vez de regresar a mi casa y caer en cuenta que estaba mal, que eso no era "*normal*", que tenía una familia que se preocupaba por mí y que debía hacer algo al respecto, más bien regresé a contar la historia como una anécdota graciosa. Hoy me veo a mí mismo diciendo eso, igual como si contara un chiste, sobre los defectos físicos de otra persona. Totalmente desagradable.

TARDÉ SOLO TRES MESES PARA LOGRARLO

Después de salir del hospital hace casi un año, tomé una firme decisión de cambiar mi estilo de vida y, gracias a eso, me tomó solo tres meses alcanzar mi peso ideal.

Más importante aún, he podido mantenerme hasta el momento, porque cada acción la pensé a un plazo de 10 años, como mínimo. Es decir, cada cambio en mi vida, ya fuera en mejorar mi **salud física** mediante la alimentación o el ejercicio; en mejorar mi **salud espiritual**, comprendiendo mis bases religiosas; en mejorar mi **salud emocional**, conociendo mis emociones o bien en mi **salud mental**, entendiendo mis pensamientos; lo hice pensando en mantenerlo por 10 años como mínimo.

Es decir, *¿de qué me valía llegar al peso ideal, si unos meses o años después, volvería a donde estaba o aún peor?*

Igual pues solo Dios, mediante el tiempo, dirá si mi estilo de vida actual puede sostenerse en 10 años o más, pero mi punto es que cuando a ustedes les digan: *"cómase unos ajos en ayunas"* o *"tómese un batido verde (que sabe a diablos)"*, recuerden que sostener eso en 10 años es muy difícil.

Lo mejor es buscar cambios, que nos hagan crecer y ser más plenos, pero sostenidos en el tiempo.

Si nos preocupamos por cuidar nuestra salud, es para vivir más años, pero vivirlos sintiéndonos *"miserables"* como que no tiene mucho sentido. Al final de cuentas y lo digo por *"experiencia comprobada"*, cuando creamos que nuestra muerte está cerca, solo va a importar cuánto amamos y qué momentos vivimos de verdad.

La palabra *"dieta"*, especialmente en América, está asociada a un inicio y a un fin. Para muchos entre más rápido llegue a su fin, mejor. Sin embargo, es, en realidad, el conjunto de sustancias que comemos siempre, es decir, todos tenemos una, sin importar si comemos "chatarra" o no. En España, muchos profesionales en el área se llaman *"dietistas"*.

¿Pero qué cambió? ¿Qué fué lo *"mágico"* que hice para lograrlo? Es algo que hoy veo muy sencillo, pero, en su momento, era totalmente abstracto. A continuación, voy a hacer un esfuerzo por describirlo en detalle.

FEBRERO DEL 2018: INICIA EL "NUEVO TESTAMENTO" DE MI ESTILO DE VIDA

* * *

HABLEMOS DE LIBERTAD

Ustedes se han preguntado alguna vez: ¿Qué es la libertad? Digamos, ¿Quién es libre? Más de uno me puede decir: yo hago lo que se me da la gana y cuando me da la gana. ¡Mentira! Quiera o no, a nivel físico, tiene que respirar, comer, orinar... Somos seres totalmente dependientes. Emocionalmente, necesitamos afecto, cariño, aceptación y otros.

Les voy a contar algo muy loco: cuando salgo a correr, me pasa que después de ciertos kilómetros, la mente se me aclara exageradamente; el otro día escuché a un entrenador de atletismo explicando un efecto muy similar en los atletas, que corren maratones, al parecer nuestro cerebro, disminuye ciertas funciones como la vista, el oído, el olfato... Pero he visto que, a mí, me aclara las ideas muy fuertemente.

Puedo ver una idea, como si fuera un diseño tridimensional, por arriba, por abajo, por los lados...

Pues fue corriendo donde comprendí la libertad. Solo existe una libertad: **el libre albedrío de nuestra voluntad**.

Es una libertad tan real, que ni el mismo Dios puede entrar en ella. Me han dicho mil veces: *"para Dios no hay nada imposible"*. Pues ya lo ven, incluso Dios mismo creó algo imposible para Él: entrar a nuestro libre albedrío.

Si alguien quiere creer en algo, es su decisión. Si no quiere hacerlo, pues también. Ni siquiera Dios, siendo un ser todopoderoso, puede entrar ahí. Como quien dice, Dios mismo creó su propio: *"aplican restricciones"*.

Cada uno de nosotros tiene esa libertad y ahí no se mete nada ni nadie. Es importante entender esto, antes de hablar de estilo de vida, porque cada uno decide (a ese nivel), lo que quiera hacer con su vida.

Yo aquí cuento lo que hice, porque a mí me ha ayudado mucho a conectarme con las historias de otras personas, pero no por escribir esto significa que automáticamente voy a provocar un cambio positivo. Ya eso está en cada uno y su realidad de vida. Tampoco se puede juzgar.

Mientras algunos pueden estar buscando saber de esto, otros puede que no. Incluso hay quienes la están *"viendo fea"* por problemas de salud y aún así no hacen nada (o no pueden). De nuevo, no se puede juzgar.

Si a usted le interesa este camino, tiene que tomar la decisión dentro de su propio libre albedrío. Es ahí, donde una vez que nace, no hay nadie que la pueda detener, tanto para bien como para mal.

En una de las citas del CENARE (Centro Nacional de Rehabilitación), me dijo la psicóloga: *"cuando un paciente toma la decisión de morir, no lo salva ni el mejor médico del mundo"*.

Solo les doy un consejo que yo antes no seguía: **dejen de dar explicaciones**. Yo me esforzaba por tratar de explicar los intentos que estaba haciendo, siempre en contra de la marea, porque algunas de las personas, que más nos aman, no pueden lidiar bien con el cambio, así que, intentar algo nuevo no se vuelve muy popular.

Decía un entrenador de atletas: no escuches las voces, que te detienen, sigue avanzando hasta que estés tan alto, que ya no las vas a escuchar de todas maneras. Esas voces también también salían de mi cabeza y eran mis inseguridades.

Yo, en mi "*Antiguo Testamento*", no había tomado la decisión. Solo era como una hoja que el viento llevaba de lado a lado, de documental a documental, de artículo a artículo, de consejo a consejo.

Necesité un golpe tan grande, como mi diagnóstico, para poder tomar una decisión, incluso por encima del miedo y de la incertidumbre.

Se los digo con amor y sinceridad, Dios no está en el miedo. Ustedes han visto esos atarantados y locos, que, de repente, se lanzan de un paracaídas, se van a correr montones de kilómetros o andar en bicicleta cruzando desiertos. Ahí está Dios, donde descubren su propio espíritu.

No cuando buscamos el peligro porque odiamos nuestra vida, porque nada nos emociona, ni porque no tenemos el coraje para cambiarla, sino cuando aún amándola, tomamos la decisión de VIVIRLA.

Decía un loco ciclista español (*Ibon Zugasti*), en una foto sangrando que puso en las redes sociales: "*a la caja de pino, hay que llegar reventado*".

En esta etapa de libertad, también busqué inspiración. Me encontré en YouTube los documentales de un atleta español, que se llama Valentí SanJuan. Su historia de vida empezó como esta mía, solo que fue su mamá quien murió de cáncer. El dice que siente la obligación de vivir todo lo que su mamá dejó pendiente.

Mis pequeños logros personales en este área, son los que me ayudaron a darme cuenta que estoy vivo, como cuando mi hermano mayor Jose Eduardo y yo, fuimos por la Península de Nicoya, en bicicleta y mientras tenía el mar al lado derecho pensaba: "*qué diablos estoy haciendo aquí, pero no me cambio por nadie*" o cuando salí de la casa a correr un momentito y sin darme cuenta, me agarró la noche, para lograr correr media maratón.

Después de la recreativa a la Isla Calero, había guardado la bicicleta y solo estaba corriendo. Un domingo se me ocurrió sacarla *"un ratito"* y tres o cuatro horas después estaba en el límite del Volcán Barba.

Para los que no conocen, es una *"subida del diablo"*. Una vez que aprendí lo que debo comer, cuando comer y cómo mantenerme físicamente, no tienen idea de la energía y fuerza que siento. Es casi irracional. De hecho ese día, hice como 5 horas de ejercicio y en ayunas. Pero no se asusten, si tiene sentido, más adelante lo verán.

Que cosa más dura debe ser, llegar a morir estando muerto en vida, varios años antes. *¿No sé si me explico?* Se los digo yo, que creí en serio, que me podría morir durante mi cirugía y aquí estoy. Bendito Dios por eso, porque empecé a vivir después de ese día.

HABLEMOS DE APRENDIZAJE

Yo he visto que el aprendizaje se genera cuando hemos vivido en ambas direcciones una situación. Es decir, yo pasé por el hospital pero también permití que el hospital pasara por mí.

Son incontables los recuerdos que tengo, de situaciones por las cuales pasé, pero que nunca dejé pasar por mí. Lo he visto también en otras personas y es frecuente, cuando perdemos a un ser querido.

La mente se vuelve mañosa y nos manipula sin darnos cuenta. Cuando era un adolescente, pasé por varias situaciones de carencia económica. Uno a veces les llama *"traumas"*. Conforme fueron pasando los años, mi mente se volvió más hábil para engañarme y lo hacía como esas zanahorias que se ponen al frente del caballo para hacerlo caminar.

Digamos, por ejemplo, si yo no tenía zapatos, mi cabeza me hacía sentir mal por eso, así que trabajaba enfocado en solucionar ese problema hasta que los tenía. Cuando ya los tenía, de nuevo me hacía sentir mal, porque solo tenía un par. Así que de nuevo me esforzaba para poder tener dos. Cuando ya tenía dos pares, mi mente me mostraba un futuro en donde ocupaba más de dos pares y así seguía el ciclo. No importa si alcanzara a tener mil pares de zapatos, mi mente siempre encontraba una manera de tocar los nervios necesarios, para producir miedo y así hacerme actuar.

Dejar que la situación pase por nosotros no es fácil. Estamos diseñados para defender, luchar y resistir hasta el final. Al inicio de la hospitalización, me costó un montón, no sabía cómo pensar, tenía un huracán de ideas en la cabeza. Ahí entraron todos mis defectos, empezando por los prejuicios. No sabía si tenía que hacerme el "*machito*" o, si con ese diagnóstico en mano, tenía derecho a llorar como Magdalena.

Para mí, la espiritualidad juega un papel fundamental. Yo confiaba en mi mente, pero fue la primera que me abandonó y saboteó. En cierto momento, llegué a una conclusión: aceptar lo que vendría sin condiciones, a pesar del pánico que me daba quedar vivo como un vegetal, en silla de ruedas o incluso morir. Me vi obligado a hacer ese negocio con Dios, yo aceptaría su voluntad sin condiciones, pero de mi parte, iba a luchar con todas mis fuerzas.

Así fue como tomé conciencia del significado de aprendizaje. No solo pasar yo por la situación, sino dejar que ella pasara por mí. Igual conozco personas que han pasado por el hospital y que el hospital no tuvo oportunidad de pasar por ellos. No se puede juzgar, aunque me gustaría que tomaran conciencia.

En Psicología, a lo mejor no se llame así, pero así es como yo lo comprendo. Como cuando alguien dice: "*fulano pasó por la escuela, pero la escuela nunca pasó por él*". ¿Qué tal este otro dicho: "*el ser humano es el único animal, que cae más de dos veces en el mismo hueco*"?

La situación pasó por mí para hacerme mejor, no para hacerme sumiso a ella. Fue como si reciclaran un vidrio, primero me quebraron en miles de pedazos varias veces, después me fundieron con fuego hasta quedar líquido, solo ahí, cuando ya no podía ofrecer resistencia, me volvieron a formar.

Tenemos que hacer ese ejercicio con las cosas de nuestra vida y revisar si hay situaciones que no hemos dejado que pasen por nosotros, porque eso nos hace mucho mal. Yo me di cuenta que fue así, porque, a pesar de lo que viví, sigo pensando que ha sido una enorme bendición.

HABLEMOS DE SALUD

Cuando salí del hospital, estaba totalmente enfocado en mejorar mi salud. Pero no fue sino hasta el tiempo y muchas salidas a correr *"filosóficas"* que comprendí que no sabía bien lo que era la salud.

Yo tenía la idea, en mi cabeza, que la salud era solo física, como cuando uno dice *"gracias a Dios estoy con salud"*. Así que me enfoque en eso, saliendo a caminar primero. Después de operado caminaba a duras penas 100 metros y duraba una eternidad, pero ahí seguí, después pasé a nadar, después al gimnasio, después la bici, correr... todo físico.

La idea me llegó corriendo y empecé a pensar en el concepto integral de la salud. Cosa rara, a pesar de que paso todo el día trabajando con una computadora, nunca me dio por investigarlo, sino que llegué a estas conclusiones por mi experiencia de vida.

Por varios meses, estuve seguro que el concepto de salud era una pirámide con tres puntos y cada uno se extiende al infinito en detalles:
- Salud espiritual
- Salud emocional
- Salud física

Hasta que, después de correr media maratón, me di cuenta que me faltaba un punto:
- Salud mental

Así, me hice un dibujo para poder ver gráficamente esa idea, que había tenido metida en la cabeza por tantos días. Eso fue como dar a luz una idea de manera gráfica.

Hoy en día, hago ejercicios conscientes en todos esos aspectos de mi salud. Esta foto daría para escribir varios libros, sin embargo, como un resumen, quiero explicarles lo que comprendí.

Salud espiritual

Es innegable que tengo un espíritu. Es decir, que tengo la capacidad de razonar con algo que no es mi cerebro, o al menos, que no se comporta como tal. Sin embargo, hago crecer esa salud con la comprensión. Si por ejemplo, antes decía que profesaba una religión, pero no entendía nada de su historia, de sus bases, de su contexto. No profesaba nada, solo iba siguiendo a un grupo de personas.

Salud emocional

"*¡Siento que va a llover!*"... Esa era una expresión común, que usaba cuando no entendía la diferencia entre una emoción y un pensamiento. ¿De qué manera mis experiencias afectan mis emociones? Yo antes no podía controlar mis emociones, muchas veces, porque no las comprendía.

Salud mental

Aprendí a ser consciente de mis pensamientos. En vez de decir: "*Siento que me mientes*", puedo decir, "*Pienso que mientes y eso me hace sentir triste*". Hay muchos conceptos en este campo, pero me gusta mucho el de "atención plena" o en inglés "mindfulness". En general, dejar de estar pensando en el ayer o en el futuro y enfocarnos en este mismo instante.

Salud física

La que yo creí por mucho tiempo que era la única salud, la que se ve y se toca, por decirlo muy simple. El dolor de espalda, el brazo quebrado, el cáncer, en fin, ustedes entienden el punto.

Cuando estaba empezando en este *"nuevo testamento"*, busqué ayuda de un centro de nutrición. Intenté por muchos medios en Costa Rica, incluso le escribí, al director ejecutivo del Colegio de Profesionales en Nutrición de Costa Rica, don Juan Arias, quien muy amablemente, me contestó que no había ninguno especializado en oncología, aunque sí, estaban los de áreas clínicas.

Conversé con varios, pero como yo había investigado tanto del tema, no pude encontrar uno, que me hablara claramente de lo que yo tenía en mi cabeza. Intenté en los Estados Unidos y me dieron la *"bienvenida"*, con frases como: *"depositanos diez mil dólares, para evaluar tu caso"*, (inserte aquí, una cara de perro asustado).

Finalmente, me conseguí uno que está en Barcelona (España) y se llama Centro Júlia Farré. Ahí por *"skype"* me ayudaron un par de sesiones pero me llamó mucho la atención que la nutricionista, desde la primera vez, me dijo que ellos daban asesoría psicológica.

Eso no lo entendí en ese momento y más bien me pregunté: ¿Para qué la Psicología, si los estoy contratando para bajar de peso?

No tenía sentido. Lo otro *"cómico"* fue que yo estaba específicamente buscando alguien con experiencia en el tratamiento del cáncer con nutrición, pero ella tenía un enfoque de nutrición en atletas.

Entonces me escribió muy profesionalmente: Minor, hágame

una lista con 20 cosas que te guste comer y yo le respondí: *"tengo un cáncer en mi médula espinal, si tengo que comer arena, lo voy a hacer"*.

Hoy en día, su enfoque psicológico tiene todo el sentido del mundo y más que psicología, veo mi salud desde todos esos puntos y de forma integral.

No miento si les digo que hasta me he dedicado a saber la historia y el contexto en donde se dieron los hechos descritos en la Biblia. Aquí más de uno puede que esté igual a mí, preguntándose: ¿De qué sirve saber quién era o cómo vivió San Pedro o San Pablo para eliminar la panza? Minor está loco...

Quizá ahorita es algo que no entiendan pero emprendan su propio camino y, cuando lleguen ahí, nos sentamos a conversar.

Tenemos un tiempo en que mi esposa y yo escribimos y dialogamos todas las noches por diez minutos. Es una técnica que aprendimos en el Encuentro Matrimonial y ayuda mucho en la comunicación.

El asunto es que, a ese ejercicio, le metimos el análisis de esos puntos haciendo algo como así:

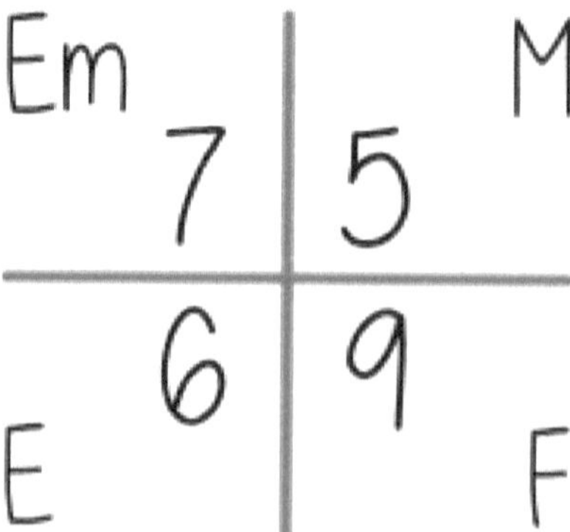

Digamos de 0 a 10, cómo nos percibimos a nosotros mismos, en cada uno de esos aspectos: **E**spiritual, **EM**ocional, **M**ental y

Físico. Esto está aún en desarrollo, es algo relativamente nuevo para nosotros, pero, con el tiempo, la idea es tomar conciencia de que hay mejoras que cada uno, de forma individual, debe hacer y, así, el otro toma conciencia sobre los aspectos que tenemos que apoyarnos más.

Así vamos comprendiendo la famosa *"ansiedad"* un poco más, sin entrar en detalles de que los azúcares refinados son altamente adictivos. Ustedes pueden tomar un minuto y hacerlo también, a lo mejor por ahí empiezan a ver que la panza grande, no es solo culpa de ellos.

NUESTRO METABOLISMO

La palabra metabolismo todo el mundo la usa y pocos la entienden. El metabolismo aquí y el metabolismo allá. Ya a estas alturas, he leído mucho de este tema, pero tengo muy presentes las palabras, que me dijeron hace muchos años, cuando estaba tratando de explicar algo muy complejo al dueño de una empresa: *"Si usted no sabe explicárselo a un niño, quiere decir que usted mismo no lo entiende"*.

El metabolismo son **todos los cambios**, que hacen las células de nuestro cuerpo. Así de simple. Algunas personas pueden hacer esos cambios rápidamente y otras no.

Algunos tienen un metabolismo lento, es decir, sus cuerpos tardan *"toda la eternidad"* en digerir, procesar y reconstruir sus células mediante los alimentos que ingieren. Mientras que otros (solo después de este *"nuevo testamento"* me incluyo), lo tenemos super acelerado.

Obviamente, una persona con el metabolismo acelerado tiene una ventaja, porque los procesos son más rápidos en todo sentido. Digamos, por ejemplo, hace unos días, nos fuimos por siete días de vacaciones y había un todo incluido. Comí como si no hubiera un mañana, seleccionando lo que quería, pero en grandísimas cantidades para el estilo de vida que ya tengo. Regresé a mi casa con cinco kilos más de grasa visceral, lo sé así de exacto, porque tenemos una de esas básculas, que usan los nutricionistas, en casa.

Cuando regresamos, volví a mi estilo de vida normal de hoy en día y cuatro días después me había volado casi cuatro de esos kilos. No es justo, en cierta forma, porque una persona con metabolismo lento, va a durar meses para eliminar esa grasa si es que puede hacerlo.

Así se ven solo cinco kilos más de grasa visceral, es decir, grasa en la panza, para que lo entendamos mejor. Es la más dañina, porque se pega en nuestros órganos y complica todo el asunto.

¿Recuerdan el hígado graso y la cirrosis para los que no toman licor?

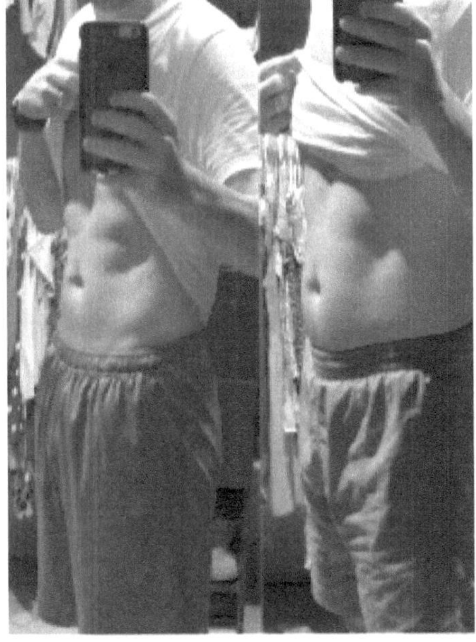

Nota: *sé que la foto no era necesaria, pero por favor, ahí está la única vez en mi vida que he tenido "cuadritos"...*

LAS CALORÍAS

¿**U**stedes han escuchado alguna vez: "*coma esto para bajar de peso*"? Las calorías, así en términos simples, son la energía, que nos dan los alimentos. Lo único que es neutro es el agua. Es decir, si a usted le dicen, coma lechuga para bajar de peso, hasta eso tiene calorías, por lo tanto eso también nos "*engorda*". Esa frase refleja ignorancia como la que yo tenía en todo sentido.

Para entender las calorías, tenemos que imaginarlas como si tuviéramos un chanchito, que se hace más grande o pequeño si le sacamos o metemos monedas.

Entonces, todo lo que consumimos, le mete monedas; y cuando nos movemos, las sacamos. Perdón si para algunos esta explicación es muy sencilla, pero no hace mucho, yo de verdad necesitaba que alguien me lo dijera así, con esas palabras, como se lo explicaría yo a un niño.

Si el chanchito está muy gordo, ocupamos sacarle monedas y se las sacamos cuando gastamos más energía de la que ingerimos. Ya con esta explicación estoy para hacer un doctorado en Nutrición.

CARBOHIDRATOS, PROTEÍNAS Y GRASAS

Entendamos esto como si fuera una conversación de amigos primero que todo.

Carbohidratos	Proteínas	Grasas
Azúcares, harinas... *Para hacer cualquier cosa ocupamos energía, esta es una de dos fuentes que puede usar el cuerpo.*	Animales de la carne o vegetales de leguminosas.... *Para reparar y hacer crecer tejidos como los músculos.*	Animales de la carne o vegetales del aguacate, aceite de oliva, coco, almendras... *Las células cancerígenas solo usan azúcar, pero las sanas pueden funcionar con grasa también. Es un combustible limpio.*

De los nutrientes, solo vamos a decir que es lo que nuestro cuerpo aprovecha cuando comemos. Por decirlo así, la "*madera empacada*" no tiene.

Si la mayoría de las cosas que comemos, han pasado por procesos industriales, estamos comiendo prácticamente solo lo que yo llamo "*calorías vacías*", es decir, alimentos que tienen muchas calorías, pero no tienen nutrientes.

EL SISTEMA "WILLY WONKA" DE LOS CARBOHIDRATOS

A estas alturas, más de uno está: ¿"*Diay que voy a comer*"? Un segundito, vamos a seguir comprendiendo un poco cómo es la cosa. En otra de esas aventuras locas, que me dan cuando voy corriendo, me puse a cuestionarme la alimentación que tenemos a la mano día a día.

Por si no saben quién es "*Willy Wonka*", era un personaje de una película que tenía una fábrica de chocolates. Un príncipe le pidió que le construyera un palacio y lo hizo totalmente de chocolate, incluso los muebles, todo era de chocolate.

Bueno, igual nosotros estamos en el sistema "*Willy Wonka*" de los carbohidratos y ese sistema ha estado por años, solo que con la tecnología alimentaria, ahora también son refinados.

Pensándolo a nivel práctico sería:
- **Desayuno**: café con azúcar refinada o jugo con sabor más o menos a naranja de azúcar refinado y pan o galletas hechas con azúcar refinada o bien cereal de azúcar refinado. Puros carbohidratos refinados.
- **Media mañana**: lo mismo. Los que hicieron cambios como yo, posiblemente estén consumiendo azúcar de las frutas. Siguen los carbohidratos.
- **Almuerzo**: casado de arroz refinado, frijoles, plátano,

pastas con harinas refinadas. Aquí le metemos algo de proteína animal con el pollo. Si hicieron las mías con las sopas, sería papa, camote, yuca… Yo, en mi punto más *"pro"*, le ponía ensalada de papa con mayonesa. Puros carbohidratos también.

- **Tarde y cena**: ya lo saben.

Si lo ven, muchos hemos pensado siempre en comer una dieta *"balanceada"*, pero esa balanza está volcada totalmente al lado de los carbohidratos. En este sistema, las proteínas son solo animales y *"poquito porque es bendito"*. Las grasas son prohibidas a tal punto que las mismas industrias le han tenido que poner a los empaques *"bajo en grasa"*.

Pregunta curiosa: ¿Ustedes saben en qué se convierte el exceso de carbohidratos (*o más bien azúcar*), en el cuerpo? ¡En Grasa! ¡Correcto! Entonces pongámoslo práctico, compramos una natilla y dice *"light"*, otra de esas palabritas famosas, bajo en grasa, sin embargo, toda la que comemos, se va directo a nuestra *"panza"*. Eso sin mencionar, que eleva nuestros niveles de azúcar en sangre.

Nosotros guardamos azúcar (glucosa y glucógeno) en el hígado y en los músculos, pero es poco en comparación con lo que comemos todos los días. El resto hay que quemarlo y, si no lo hacemos, se guarda como grasa. Ya entendemos por qué, mientras muchos de nosotros no comemos grasa ni locos, estamos redondos.

Ahora bien si yo hablo de *"refinado"*, lo que quiero decir, es *"industrialmente tratado"*. El asunto es, según la óptica que uno lo vea, digamos si nosotros fuéramos los dueños de las industrias y pudiéramos producir alimentos cada vez más baratos y que duren mucho más tiempo, pues estaríamos haciendo las cosas muy bien. Pero, como consumidores, el asunto es a la inversa cuando se sacrifican los nutrientes de esos alimentos. Los vegetales, las frutas, las carnes, cuando están naturales no duran mucho tiempo en descomponerse y eso es una ventaja para nuestro sistema digestivo, pero la *"madera empacada"* puede durar años, entonces es donde tiene que ver el cuerpo qué hacer para digerir eso.

144

INTENTO OK #1: DIETA CETOGÉNICA

Cuando salí del hospital, lo primero que hice, estando en cama día y noche, fue investigar qué cosas podía hacer para lidiar contra el cáncer, porque todo los tratamientos, que había escuchado, estaban fuera de mis manos, la quimioterapia, la radioterapia...

Me recomendaron varias pastillas, el bicarbonato de sodio, la guanábana, el veneno de alacrán y hasta el cannabis. Pero, a pesar de que hay personas hablando de ellas y que incluso dan testimonio de curarse, yo no pude conectar los puntos con todas esas opciones, porque no encontré información científica, que me convenciera, y como buen desconfiado, se me hacía difícil creer.

Además, no sabía cuánto tiempo me quedaba de vida en ese momento (son días de mucha tensión), ni me veía a mi mismo produciendo el documental: *"Mil intentos fallidos tratando el cáncer..."*

Necesitaba saltar por lo menos con una idea de dónde iría a caer. Entonces encontré la famosa dieta cetogénica y como no tenía resultados adversos, decidí probar. Pongámoslo así, mi análisis fue pensar que, al hospital, no ha llegado nadie con sobredosis de aguacate.

Me compré el libro **Contra el cáncer** de un doctor llamado Joseph Mercola, está en español en la tienda de *"Amazon Kindle"*.

Así aprendí conceptos totalmente nuevos para mí, la insulina, wow, no tenía ni idea de qué era. Yo creía que era una medicina que usaban los diabéticos (aquí los que estudiaron Medicina quizá se rieron, pero les aseguro que 99% de los que no, están igual a mí).

Entendí, a nivel general, lo que estaba consumiendo día a día, el azúcar refinado, las harinas refinadas, hasta el aceite de cocina, que muchos usan todos los días… wow. Eso sí me abrió los ojos. Fue como salir de la película *"Matrix"*.

De repente, sales del sistema y ves el día a día de todos desde afuera, como desde una ventana y te das cuenta del montón de cosas que estamos haciendo mal, pero es porque el *"sistema"* está mal, quizá hasta a propósito.

Decía *"el finado"* Steve Jobs (*el carajo de "Apple" o más bien, el de los celulares de manzanita*), que uno nunca puede conectar los puntos hacia adelante, solamente hacia atrás en nuestra vida. Pues bien, yo soy Ingeniero Industrial e Ingeniero de Software y tener una noción, de cómo es de importante la productividad en una industria, me hizo ver claramente lo que estaba pasando con los alimentos industriales y la tecnología.

¿Recuerdan la *"madera empacada"*? De pronto, pude ver claramente que la *"madera empacada"* es algo sin nutrientes de ningún tipo, con un poco de azúcar refinada y químicos agregados. Así tan rápido como va la tecnología, así también va la optimización de la *"madera empacada"*, posiblemente cada vez más barata y más adictiva.

Cuántas veces no escuché yo ese cuento de *"hay que saber leer las etiquetas nutricionales"* incluso de los profesionales en salud… ¿Qué tal si mejor comemos la mayoría de nuestros alimentos de cosas que no necesitan etiquetas nutricionales?

Cuando comprendí que la tecnología alimenticia ha sido usada para reducir los costos y aumentar la adicción, tanto como se pueda, sin importar lo que eso le ha hecho a las personas, me di cuenta que ese *"sistema"* está muy *"fregado"*. Háganle mente ustedes, ¿qué porcentaje de alimentos, que vienen empacados con etiquetas nutricionales, consumen diariamente, versus los que no?

¡Yo crecí con azúcar! Decía una campaña publicitaria buenísima, que fue un pegue hace unos años y más de uno salimos corriendo a comer más azúcar. Yo antes de esto creía que la materia prima, con que se hacen hoy en día el pan, las galletas, los cereales, los refrescos, los jugos, el yogurt y hasta el queso, eran las mismas que hace 30 años.

Es decir, imaginemos el pan blanco de hoy en la mañana, yo creía que la harina que usó el panadero, era la misma que hace 30 años. ¿Qué tal el arroz? Cuántas veces no escuché yo: *"diay antes todo el mundo comía arroz, yo no sé porque ahora dicen que es malo"*. Igual a mí, ¿ustedes creen que el arroz que nuestros abuelos cosechaban detrás de sus casas hace años es igual al que compramos hoy en día en el supermercado?

Como diría mi amigo Alban, en mi *"mente teletubie"*, me imaginé que como las galletas tienen el mismo diseño y empaque desde que estaba en la escuela, creía que seguían siendo las mismas.

Yo crecí con azúcar… de tapa de dulce o de miel de abejas reales, yo también crecí caminando dos kilómetros cuando me dejaba el bus para ir a San Isidro, porque pasaba cada hora. Crecí caminando como loco hasta la Biblioteca Pública de Heredia, porque

Google no existía, y así miles de ejemplos. No me sentaba ni diez minutos y hoy tengo que pasar todo el día sentado trabajando. Ese *"yo crecí"* está muy torcido.

Hasta he visto profesionales en salud caer en esa trampa. Coma solo pan *"integral"*, galletas *"integrales"*... como si las cosas, que puede comprar uno en el supermercado, fueran *"integrales"*.

La dieta cetogénica la implementé al pie de la letra. Claro con mi diagnóstico encima cualquiera hace eso, pero lo hice en medio de mucha inestabilidad emocional, principalmente en contra de mis familiares más cercanos, que, en su afán de cuidarme, estaban al pendiente de mi salud en todo momento. Me decían que podía padecer anemia, que me iba a dar gastritis, que no sé qué más inventos. Igual soy bien terco y lo hice pasándole por encima a todos esos miedos.

La hice solo con grasas saludables, así que pasé por todos los *"efectos secundarios"*, que estaban bien documentados. El aliento terrible, los mareos al levantarme rápido, la necesidad de más agua, hasta el estreñimiento cuando no la consumí. Fue más o menos como una semana, pero igual tenía los dolores de la cirugía, así que eso era lo de menos, de hecho esas molestias eran hasta *"bonitas"*, porque eran una distracción.

El efecto más impresionante que les puedo compartir, fue *"el golpe de energía"*. Después de pasar por todo eso, llegó de pronto, un golpe muy extraño de energía en mi cuerpo. Antes de eso, incluso sin la cirugía, yo a las cuatro de la tarde ya estaba cansado, pero cansado significa exhausto, sin energía de ningún tipo.

De repente, empecé a sentir mucha energía en mi cuerpo y un deseo grande de salir a caminar al menos. De caminar pasé a necesitar hacer algo más, así que me inscribí en natación. A la natación, le agregué el gimnasio. A pesar de que debería sentirme *"apaleado"* con el ejercicio que estaba haciendo cada día, llegaba normal al final del día y dormía bien.

Mi hermano Jose Eduardo, siempre me hablaba de las andadas en bicicleta, que había hecho. Cuando me contaba sobre eso, yo lo veía como algo tan lejano que de verdad era imposible para mí. Que hice tantos kilómetros, que más de cien en Guanacaste… Antes de esto, solo escucharlo me producía agotamiento.

Pero después de mantenerme comiendo así por dos meses, sentí algo que jamás creí que llegaría: la necesidad de comprarme una bicicleta. Era como tener un tanque de energía lleno y la necesidad de gastarlo cada día. No me alcanzaba el gimnasio y la natación, ocupaba más.

Yo creía que era la edad, es decir, que estaba siempre cansado por la edad. Pero era que estaba deshidratado y envenenado diariamente. Cuando veo que alguien le dice a otro que está gordo porque *"quiere"* o por *"vago"*, siento la necesidad de explicar que es imposible estar en el peso adecuado si está comiendo mal. Yo no habría podido hacer ejercicio de la manera, que lo he hecho, comiendo como lo hacía antes.

En la primer cita después de la cirugía, *"mi"* neurocirujana favorita, la doctora Alvarado, que tanto aprecio, me dijo muy sabiamente:

"Don Minor, escuche su cuerpo".

Pero ni estando sordo podría ignorar los *"alaridos"* de felicidad, que me pegó el cuerpo cuando hice este cambio. Después de un tiempo, yo usaba ese término en tono de broma con mi esposa y le decía: *"yo escucho mi cuerpo. Le acabo de preguntar que si nos compramos una bicicleta y me dijo que sí"*…

Así, he ido aprendiendo que no puedo confiar solo en las apariencias. Es decir, viendo desde afuera, muchas personas me han expresado que admiran lo que he hecho andando en bicicleta o corriendo, pero lo han hecho pensando que actúo solo por la motivación.

Es imposible, es decir, eso ayuda pero se necesita disciplina y un cuerpo que lo respalde a uno también y, para tenerlo en óptimas condiciones, fue necesario que saliera de la *"ignorancia y el oscurantismo"*.

INTENTO OK #2: HIDRATACIÓN

Sin hacerle mucha ciencia, la fórmula general que he usado es así: mi peso lo divido entre 7, eso me da los vasos de agua por día. Cada vaso de 250 ml. Entonces, se ve más o menos así:

- 60 kilos = 2.1 litros de agua por día
- 70 kilos = 2.5 litros de agua por día.
- 80 kilos = 2.8 litros de agua por día.

Obviamente, cuando hago tres horas de ejercicio diario, tomo más agua. Pero la idea es esa, como decía el *"Chavo del 8"*.

La fórmula es muy simple, la implementación aún más. Con solo una botella de 600 ml, me la podía tomar cuatro veces durante el día. Sonaba muy simple en la teoría, pero la práctica fue otra cosa.

Como muchas cosas en la vida, mi cuerpo ofreció resistencia. Me costaba mucho tomar esa cantidad de agua al inicio, hasta me daba ganas de vomitar, pero también como muchas otras cosas en la vida, el que persevera alcanza.

Después de un par de semanas haciéndolo, la cosa se volvió al revés y fue mi cuerpo quién me empezó a pedir agua desesperadamente. Hoy en día, tengo una cierta *"adicción"* al agua, por decirlo exageradamente.

Ha sido uno de mis mejores aciertos en el proceso, no solo por lo económico que es, sino por lo simple y los efectos positivos tan rápidos que he visto. Estaba acostumbrado a estar deshidratado todo el tiempo.

Gracias al agua, he visto como mi digestión mejoró su desempeño, por supuesto combinado con comer correctamente y hacer ejercicio, pero es un componente fundamental para evitar volver a estar inflamado del estómago y los intestinos.

Hay una frase muy popular, que usan en inglés, y dice algo así como: "*tomar decisiones con las tripas*", aquí nosotros la usamos con "*el hígado*".

Hay un cirujano español muy famoso, que se llama Mario Alonso Puig (*pueden buscarlo en YouTube*), que describe cómo en nuestro "*tubo digestivo*", también tenemos un cerebro. Incluso es, en esa zona, donde se controla nuestro sistema inmune.

Como saben mi cirugía fue en la espalda, así que cada cierto tiempo, he visto que tiendo a ponerme un poco "*tieso*" y se me dificulta tocarme los pies, con las rodillas rectas. La hidratación adecuada ha sido una gran ayuda manteniendo mis tendones y articulaciones en óptimas condiciones.

Vivir en Costa Rica nos da la bendición de tener acceso al agua potable, desde la misma llave de nuestra casa, muchas veces no fui consciente del privilegio que eso significa. Yo no tengo que comprar agua, si así fuera gastaría un montón de dinero y generaría otro montón de basura.

El agua potable es un recurso invaluable que he tenido a la mano, pero, quizá, por eso, siempre lo di como un hecho que estaría por siempre.

INTENTO OK #3: EL PALADAR SUCIO

De la misma manera que nunca me faltó la ignorancia, tampoco la creatividad. Esta es una muestra pero, desde la óptica positiva. Una vez que mi cuerpo se había acostumbrado a tomar la cantidad de agua, que estaba necesitando, se me ocurrió que tenía que limpiar mi paladar.

No sé cómo se llama científicamente, sin embargo, lo describo así tan simple, porque así lo viví. Tener mi paladar sucio significa que estaba acostumbrado al azúcar, así como a los sabores fuertes y estimulantes solamente. No podía disfrutar un vegetal porque no me sabía a nada. Era como comer cartón.

Pasé la mayor parte de mi vida comiendo cosas, que venían empacadas, y hasta con etiquetas nutricionales, llenas de azúcares refinados, harinas refinadas, potenciadores de sabor... Obviamente mi paladar y mi cerebro estaban acostumbrados a esos sabores fuertes.

Por muchos años, caí en la frase ignorante que dice: "*todo lo que sabe rico es malo*". Es más, yo fui aún más allá y puedo asegurarles que creía fielmente que: "*lo bueno sabía horrible*".

Al crecer con ese desconocimiento, creía que las cosas "*buenas*" o sanas eran batidos verdes sin azúcar, remedios caseros amargos o cosas locas, como los ajos o el limón en ayunas.

Otro de mis errores era asociar los alimentos al padecimiento: la zanahoria para la vista, el limón para las defensas... pero lo hacía totalmente fuera de contexto en mi alimentación en general.

Sí estaba comiendo solo azúcar y me tomaba un fresco de limón con más azúcar, pues obviamente los efectos que veía en mi cuerpo, con el aumento de defensas eran mínimos. Pero el problema no era el limón.

Ni que decir del *"ajo en ayunas"*. ¿De qué manera va un ajo en ayunas a ayudarme a bajar de peso, si estaba comiendo montones de calorías en azúcar, todos los días?

Para limpiar mi paladar, tomé la decisión de comer vegetales al vapor, sin condimentos de cualquier tipo, ni siquiera sal. La constancia trajo su recompensa, porque unos días después de hacerlo diariamente, ya podía tomarle el sabor real a las cosas.

Sin darme cuenta, fue una gran ayuda en mi camino por bajar de peso, debido a que, con una tonelada de condimento, me podía comer una tonelada de comida, así fuera saludable o chatarra.

Sin embargo, sin condimentos, consumo solo la cantidad que mi cuerpo necesita, principalmente porque las hormonas, que le avisan al cerebro que ya estoy lleno, vuelven a funcionar correctamente.

Recuerdo una vez que fui a un seminario en la Universidad, y me quedó grabado que muchos de los gustos que tenemos fueron influenciados en la niñez.

Resulta que nunca me han gustado los chocolates, digamos de esos que venden empaquetados en el supermercado. Entonces como era algo raro socialmente (porque a todo el mundo le encantan), recuerdo que regresé a mi casa con la firme idea de ir a comprarme un chocolate y saber si realmente me gustaba o no.

Fui, me compré uno cualquiera y le pegué un mordisco. Ahí empecé a sentir aversión mientras masticaba, pero seguí adelante pensando que era algo solamente mental. Al final, me comí todo el chocolate y llegué a la conclusión de que, en serio, no me gustaban.

Bueno, igual me pasa ahora con la comida chatarra. Hace unos días fuimos a Estados Unidos y, en uno de esos momentos de desesperación, que solo los que tenemos niños pequeños conocemos, tuvimos que entrar con las chicas a comer en la única opción que teníamos cerca y era uno de esos restaurantes de comida basura.

Intenté darle un mordisco a algo que tenía el nombre de pollo, pero me supo a vómito saborizado. Fue realmente asqueroso. Si ustedes se limpian el paladar, vayan a hacer la prueba y verán lo que les digo.

Mediante potenciadores de sabor, la comida chatarra crea adictos y lo más triste es que lo hace con las personas más vulnerables, trabajadoras, de bajos recursos, con situaciones de vida difíciles, que encuentran en los potenciadores de sabor un gran placer.

El concepto de comida chatarra también se ha vuelto confuso, porque yo pensaba que era solo la comida, que vendían en ciertos restaurantes muy conocidos. Sin embargo, la comida chatarra la tengo en mi casa, en la alacena y se la doy a nuestras hijas diariamente.

Mientras tenía mi paladar sucio, los gustos por la comida estaban totalmente alterados, porque comer una ensalada era algo insípido, pero, después de limpiarlo, descubrir el sabor del ayote o del zapallo, fue algo totalmente nuevo.

INTENTO OK #4: AFUERA DE MI ZONA DE CONFORT

Recuerdo una vez que iba corriendo por la autopista. Para pasar tenía dos opciones, el lado que está asfaltado y plano o bien una parte por donde no pueden transitar los carros, que estaba llena de piedras sueltas, pelotas de asfalto... Sin darme cuenta, me vi corriendo por la peor parte, pero cuando hice consciencia, más bien le puse un paso rápido y lo empecé a disfrutar más.

La hospitalización y la recuperación me mantuvieron mucho tiempo fuera de mi zona de confort. Tanto, que aprendí a encontrarle el gusto y la enseñanza. Una ejecutiva famosa tenía una frase que aplica: *"el confort y el crecimiento son incompatibles"*.

Otro de los efectos secundarios de mi estilo de vida anterior era estar constantemente resfriado. Cuando estaba *"bien"*, tenía la nariz *"tapada"* (congestión nasal). No me importaba mucho lo que eso representaba para mi salud, lo que odiaba era pasar botando mocos. Me refiero a esa agua, que le sale a uno por la nariz, no está tirado en una cama pero tampoco totalmente bien. ¡Qué cosa más incómoda por Dios!

Después de esta experiencia, se me ha hecho super sencillo lidiar con ese tipo de pequeñeces. Hace unos meses, me puse la meta de nadar dos kilómetros y medio, en menos de ciertos minutos en una piscina pequeña.

Para lograrlo, tuve que toser, escupir, limpiarme la nariz, "pedorrearme" y hasta orinar, mientras nadaba lo más fuerte y rápido, que podía, para no perder tiempo.

El punto es que aprendí que la adversidad puede ser mi mejor amiga y que no se pueden alcanzar metas mayores, viviendo en la zona de confort.

INTENTO OK #5: MENTE, CORAZÓN Y ESPÍRITU.

Hace como 15 años, empecé a escribir un libro, que nunca terminé (o bueno, que no he terminado), se llama "*Los demonios de mi alma*".

Es de historias reales de mi niñez, pero narradas por múltiples personajes, cada uno con una personalidad diferente. Hace unos años vi la película "*Intensamente*" y casi me da un paro respiratorio, porque era exactamente lo que yo quería contar en aquel momento.

Hoy en día, puedo usar esa misma analogía, para describirles que veo mi espíritu, mi corazón y mi mente como a tres hijos que, a veces, no se ponen de acuerdo. Es más, en algo tan simple como alcanzar la meta en natación, mi mente empieza a decirme: "*Imagínese si eso lo lee tal persona, que vergüenza*"; por otro lado, mi corazón me dice: "*sea sincero no se preocupe*" y mi espíritu dice: "*eso no es mi problema*".

La mayoría de mi vida fui esclavo de mi mente. A pesar de que, en el fondo, uno siente al corazón y al espíritu reclamando. Era un esclavo, que empeoraba conforme avanzaban los años. Vivía como la frase que dice:

"*No se le pueden enseñar trucos nuevos a un perro viejo*".

Entre más años, más fuertes mis prejuicios y más controladora mi mente. Confundía mi terquedad con inteligencia, obviamente usando la soberbia. Hoy en día, veo claramente lo importante que es para mí, "*aprender trucos nuevos*".

Poner a los tres de acuerdo ha sido un enorme reto y un gran acierto. En la mayoría de mi vida, la mente mandaba. Algo como equivocarse, sin importar que fuera algo simple, era un martirio para mí.

Hoy en día, trato conscientemente de darle más oportunidad al corazón y al espíritu de tomar mis decisiones. Con solo la cabeza, todo es muy organizado, pero se pierde mucha espontaneidad. Darse de lleno a alguien o a alguna situación, así sea que quienes lo reciben abusen de ello, es muy importante para mí.

INTENTO OK #6: SABER COCINAR

Tuve la bendición de crecer en una familia llena de amor y esfuerzo. Sin embargo, ese chineo también hizo que creciera sin saber nada de las tareas del hogar. Prácticamente, me casé sin saber y lo peor, sin tener el mínimo interés en los quehaceres de la casa. En mi mente, *"esas cosas"* las hacía alguien más y no eran *"importantes"*.

Cocinar por supuesto estaba dentro de la lista de cosas por ignorar. Después de miles de colerones de mi esposa, fui, poco a poco, descubriendo que si encendía la cocina, la casa no estallaba, así que empecé a probar haciendo lo más simple. Gallo pinto (arroz con frijoles) fue mi carta de presentación por muchos años, por supuesto con arroz y frijoles que ya estuvieran cocinados previamente.

Nada de eso lo hacía por mala intención, era solo inconsciencia y prejuicios, ideas pregrabadas en mi mente, en donde creía que las cosas debían ser de cierta manera, porque eso era lo *"normal"*.

Hace solo unos tres años, fui con mi esposa a un retiro de parejas durante un fin de semana, en Encuentro Matrimonial Mundial de Costa Rica. Ellos son un apartado de religión católica, sin embargo, sé que los retiros se hacen en las demás religiones también, es decir, si se identifican conmigo, busquen el que esté disponible para ustedes.

Ahí pudimos dedicar el tiempo para conversar de muchos temas guiados, sin embargo, en este tema, pude ver claramente lo que había estado haciendo mal. Es más, creo que ambos lo percibimos claramente.

En otra de esas famosas salidas a correr, recuerdo que analicé el machismo. Yo no puedo darme el *"lujo"* de ser machista viviendo en un hogar con tres mujeres, y, especialmente, pensando que el futuro de nuestras hijas también está influenciado por mi forma de pensar.

Mientras iba corriendo, pensaba que el machismo masculino es más simple de notar y repeler. Puede ser bullicioso, desagradable, violento… Yo mismo he podido ver ejemplos, que no trascienden las generaciones, es decir, algunos hijos crecen tan cansados de la situación que no copian el patrón.

Sin embargo, también pude ver que debemos tener mucho cuidado con el machismo femenino. Este se muestra como chineos, consentimientos, favores… Busca aprobación o cariño, actuando de la manera en que el molde del machismo le obliga, incluyendo cargar con las responsabilidades de los otros.

Se fundamenta, igualmente, en prejuicios y lo más triste es que asume que negar sus propios sueños y aspiraciones *"está bien"*.

Este tipo de machismo se hereda fácilmente de generación a generación, posiblemente porque carece de violencia.

Pienso que, detrás de cualquier tipo de machismo, hay ignorancia que se convierte en un problema social importante, porque lastima nuestras familias.

Hice toda esa introducción, para explicarles que, eventualmente, aprendí a cocinar o, al menos, a lo que la mayoría de mi entorno le llama *"saber cocinar"*, pero, después de este proceso, pude hacer consciencia de que no tenía ni idea de que éra realmente cocinar.

"Saber cocinar no es solo darle sabor a lo que nos vamos a comer".

Saber cocinar implica conocer de qué manera lo que estamos preparando, va afectar a nuestro cuerpo. Por ejemplo, digamos que me toca cuidar a un familiar con diabetes, y yo con cariño, le preparo todos los días sus alimentos. Si todo lo que le doy, son carbohidratos, con azúcares y harinas refinadas, a pesar de que lo haga con amor, estoy empeorando exageradamente su enfermedad, por ignorancia.

Igualmente con nuestros niños o jóvenes. Si los "*alimentamos*" con comida chatarra o bien con dulces, galletas, gaseosas, frituras y en general, con basura, sólo porque ellos se ponen "*felices*" y todo se lo comen; mientras creemos que les estamos dando amor, por el contrario, los estamos enfermando.

Cuando realmente aprendí a cocinar, vi que no tenía sentido cocinar solo arroz refinado todos los días, usando sal y condimentos para darle sabor al almidón.

Justo antes de esta nueva etapa, me sentía orgulloso de "*saber cocinar*", pero me di cuenta que mi conocimiento era muy limitado. Comprendí, que los carbohidratos se convierten en azúcar en nuestro intestino. Entonces, en términos muy simplistas, si cocinaba arroz, fideos, ensalada de papa y plátanos, todo lo que estaba consumiendo era "*azúcar*".

Lo cómico, es que, antes de esto, me estaba cuidando del azúcar (*según yo*), y lo hacía poniéndole poquita al fresco o al café. Mientras todo lo que comía eran carbohidratos y la mayoría refinados todos los días.

Me costó mucho salir de las costumbres que ya tenía grabadas en mi mente, el azúcar es energía de rápida absorción, si no la "*gasto*", es decir, si mi cuerpo no está haciendo un esfuerzo físico, que requiera esa cantidad de azúcar, la voy a guardar como grasa. Era una gran responsable que hacía imposible bajar de peso.

Para bajar de peso, necesitas quemar la grasa en vez de seguir almacenando. Con el estilo de vida que tenía, para consumir todo ese azúcar después de comer, tenían que pasar hasta 12 horas. Es ahí donde mi cuerpo recurre a la grasa corporal como energía. Por lo tanto, era casi imposible para mí.

Hoy en día, lo tengo claro, saber cocinar no es solo dar sabor. Eso es como concentrarme en las apariencias. Es ir más allá y saber qué le hago a mi cuerpo con ese alimento.

Dicen que: *"somos lo que comemos"*, e incluso el doctor Jeff S. Volek de la Universidad del Estado de Ohio en los Estados Unidos, dijo en una presentación para el Colegio Americano de Nutrición: *"somos lo que nuestro cuerpo aprovecha, de lo que comemos"*.

INTENTO OK #7: CAMBIAR EL ARROZ, EL PAN Y LAS GALLETAS

Hay una frase célebre, que se atribuye a un escritor de hace como doscientos años, llamado Charles Dickens:

"El hombre es un animal de costumbres".

Me acostumbré a comer arroz, pan y galletas todos los días. Es algo que no cuestionaba, lo hacía como un robot previamente programado. Era siempre igual y puedo decir que eso era la mayoría de alimento, que comía casi todos los días.

No es que esos alimentos sean malos en sí mismos, sino me refiero a que, si tenía un resfrío por ejemplo, mi cuerpo no tenía nutrientes suficientes para ayudar al sistema inmune a defenderse. Yo creía que eso solo se hacía con pastillas. Lo único que le estaba dando era azúcar refinado.

En las mañanas, el gallo pinto era de todos los días, cuando no era así, era el pan. Este también estaba presente a la media mañana.

A la hora del almuerzo, lo principal solía ser el arroz, en la tarde las galletas y en la cena posiblemente, lo que sobraba del almuerzo, así que más arroz.

Ese comportamiento alimenticio, a nivel general, lo repetía diariamente sin cuestionarme, la única variación era acompañarlo de pollo un día, carne el otro, quizá pescado el otro, pero la base, es decir más del 85% de mi alimentación, era siempre la misma.

Si pudiera hacer un dibujo de un plato, que represente lo que comía en ese entonces, reemplazando los carbohidratos por azúcar, se vería lleno casi, en su mayoría, de azúcar, con una porción de proteína de unos 80 gramos, algunos pocas cantidades de cebolla y chile del arroz, quizá algo de ensalada y nada de grasas. Eso estaba muy lejos de ser una dieta balanceada.

El otro problema que tuve fue mi "adicción" al azúcar. Yo siempre pensé que tenía una ventaja con respecto a mi esposa porque no me gustaban los dulces. Sin embargo, tenía el paladar acostumbrado a los carbohidratos, especialmente a los azúcares refinados.

Por ejemplo, a media tarde iba como un *"zombie"* a abrir la alacena y sacar un par de paquetes de galletas. Como no me saciaban, era posible que comiera más galletas o bien más pan. Para acompañar el pan, lo hacía con embutidos como el jamón. Comía mucho, sin nada de nutrientes y no me sentía lleno.

Cuando inicié en este *"nuevo testamento"* de mi estilo de vida, cambié mis comidas y empecé a darle prioridad a los alimentos *"naturales"*, es decir, alimentos que no venían empaquetados, ni tenían etiqueta nutricional, inicialmente, sin preocuparme demasiado si eran carbohidratos, proteínas o grasas. Tampoco me preocupé por las calorías. Mi cambio inició lento, solo teniendo en mente esa premisa, comer la cantidad normal que solía comer, pero cambiando los alimentos industriales por alimentos naturales.

Es decir, en vez de comer pan de supermercado en la mañanas, tomaba un mango, lo ponía en la batidora y le agregaba poca granola sin azúcar y avena integral. Mi idea fue hacer cambios que lograra mantener a diez años plazo, así que debían tener un buen sabor. Lo mismo encontré haciendo variaciones de esa receta, como cambiar el mango por la papaya.

A media mañana, consumía frutas, también empecé a comprar semillas de chía, ajonjolí ... y las dejaba reposando en agua para tomarlas después.

Al almuerzo, me esforcé por comer la mayor cantidad de cosas "*naturales*" posibles. Aquí estoy usando la palabra natural, para describir que "*no han sido tratados industrialmente*".

Es decir, pongamos por ejemplo el pollo, yo puedo comprar pollo sin adobar de la carnicería de la esquina y llamarle "*natural*" o por el contrario, ir al supermercado y comprar un pollo que ha sido previamente tenderizado, saborizado con potenciadores de sabor y hasta sumergido en aceite ("*tratado industrialmente*"). En ese contexto, empecé a elegir el primero.

Yo sí comí, como y pienso seguir haciéndolo carne, pollo y pescado, pero las prefiero en su forma más natural posible. La confusión se da porque tienen el mismo nombre.

Igual sucede con muchos otros alimentos, como el pan, hoy en día, los mismos nombres se pueden usar para alimentos "*chatarra*" o para saludables, es mi conocimiento el que importa para tomar la decisión.

Actualmente, como hamburguesas al menos una vez al mes, pero la carne es de verdad, las tortas las hacemos sin mucha cosa y hasta el pan lo puedo hacer yo. Se llama igual "*hamburguesa*", pero no es lo mismo que podemos encontrar afuera.

En resumen, nuevamente sigo pensando que el pan, el arroz y las galletas no son malos en sí mismos. El problema es que representaban la gran mayoría de lo que estaba comiendo todos los días.

El cambio que hice fue priorizar alimentos "*naturales*" y especialmente los que más nutrientes me daban. Sería una mentira si dijera que, hoy en día, no como pan, ni arroz, ni galletas. Lo hago, pero en cantidades muy pequeñas comparadas con los demás alimentos que ingiero.

La evolución natural lleva miles de años, si yo consumo cosas naturales variadas es muy difícil, yo diría casi imposible, que llegue a tener sobrepeso. Es más sin ir muy atrás en el tiempo, nuestros padres y abuelos no tenían el supermercado abierto todo el día hasta la medianoche.

Comer alimentos industriales me mantenía todo el tiempo envenenado. Hoy en día, el sobrepeso se asume que es "*culpa*" de quien lo tiene. Yo también lo pensaba, creía que estaba gordo por culpa mía, porque comía mucho. Pero era por lo que estaba comiendo en realidad, creyendo que era algo normal y, en algunos casos, que era sano.

Cuando estaba en la Universidad, en una de las clases de Administración, analizamos la historia de un supermercado conocido de la ciudad de Heredia. Resulta que se había formado una imagen publicitaria de "*barato*". Su competencia era por precio, así que, en su local comercial, el piso era de concreto, las paredes no eran "bonitas" y hasta el personal era poco. A alguien se le ocurrió la idea de ponerle piso cerámico para que se viera "*más bonito*".

Esa pequeña acción hizo que los clientes no volvieran a comprar ahí considerablemente, porque asumieron que, gracias a eso, el supermercado ahora sería más caro. No importaron las promociones o incluso poner los productos a precios considerablemente más bajos que la competencia. La imagen del local fue una "*barrera de entrada*", para sus clientes meta.

De igual manera, este cambio de mi estilo de vida ha requerido también variaciones en mi comportamiento como consumidor y pude darme cuenta que tenía una percepción errónea de los costos.

Si yo iba con mi esposa a comprar al supermercado y la factura era de 60 mil colones, me parecía bien, pero si yo iba a la Feria del Agricultor en Heredia o al Mercado Central en San José y gastaba solo 30 mil colones me parecía mucho, sin importar que, con ese mismo dinero, compraba más y mejores productos, que los que tenía disponibles en el supermercado.

Aprendí que eso es solo una percepción errónea, influenciada por el piso, las paredes bonitas y la música de fondo del supermercado. Es algo que me hacía sentir muy cómodo y así era más fácil comprar todo, aunque también pagara por "*chatarra*".

La percepción del consumidor es algo bien conocida en el comercio y no solo nos pasa con la comida sino con todo lo demás. Tomemos por ejemplo una camisa, de la misma marca, talla, color, estilo … Literalmente, la misma camisa, podemos colocarla en un centro comercial de clase media alta con el doble del precio que en la tienda la esquina. En ambos casos, los consumidores las van a comprar sin cuestionar mucho, porque se asume que "*eso es lo que vale*".

Si analizo la percepción desde el otro lado, es decir, desde mi pensamiento. En mí, influye la confusión que se me hace entre el precio y el valor de las cosas.

Me cuesta mucho hacer conciencia porque hay demasiado ruido alrededor de una decisión, sin embargo, no comprender esa diferencia hace que elija pésimas opciones muchas veces. El precio es lo que están cobrando por eso y el valor es lo que me engrandece adquirirlo. Suena muy lindo en la teoría pero, en la práctica, constantemente la "pifio".

INTENTO OK #8: EL EJERCICIO

Cuando andaba con ese *"fuerzón"*, me dio por pensar que quería hacer un *"Ironman"*, que es una prueba de triatlón, en donde se nada en el mar, se monta en bicicleta un montón de kilómetros y se termina haciendo un maratón de atletismo, todo el mismo día, sin parar entre una y otra actividad. Es algo fuera de serie.

Así que empecé a investigar qué se requería para poder llegar a ese nivel y todas las personas con las que hablé me decían: "lo primero es entrenar su mente". Suave un segundo, decía yo, de qué estarán hablando. *¿Será que tengo que volver a hacer fórmulas matemáticas como en la Universidad?*

Tenemos cuerpos fuertes, que resisten por años las agresiones a los cuales los sometemos. Si comemos mal, no es el siguiente fin de semana cuando vamos directo al hospital, en muchos casos pasan años. Sin embargo, en el proceso, aprendí que mi mente se vuelve mañosa y trata de engañarme para llevarme a mi zona de confort.

Me compré un reloj de esos que le miden a uno el corazón y otro poco de cosas, así que, mientras iba haciendo ejercicio, verificaba que mi corazón no se pusiera a hacer *"loqueras"*.

Descubrí, en muchas ocasiones, mientras sentía que me estaba muriendo y que ya no podía dar más, que mi corazón estaba en el mínimo. También me pasó a la inversa, una vez iba corriendo y sentía una fuerza increíble, pero cuando me percaté, tenía mi corazón en más de 210 pulsaciones por minuto. Le hice caso al reloj y me puse a caminar hasta bajarlas a lo normal.

Me tomó más de 300 kilómetros corridos y otros tantos nadados y montados en bicicleta para comprender qué significaba eso de entrenar la mente. Conocerme al igual como conozco a nuestras hijas, que, con solo escuchar su llanto, sé si es algo serio o no.

Aprender a reconocer mis dolores y también a ignorarlos en algunos casos. Saber qué es importante y qué no lo es. No crean, es un proceso que nunca acabará, pero, hoy en día, puedo reconocer incluso hasta lo que ignoro, de una forma más clara.

Escuché a la nadadora costarricense Claudia Poll decir en una entrevista: *yo siempre entrené, buscando el túnel del dolor*. Yo nunca he llegado tan lejos, ni siquiera un poco, pero me identifiqué con ese término, porque lo he vivido como: *"sentirme cómodo con el dolor"*. Quizá por pasar por el hospital, eso se me hizo un poco más natural cuando estaba empezando, pero el punto es que cuando tuve la energía disponible en mi cuerpo, hacer ejercicio fue algo que debí incorporar como algo natural y parte de mi estilo de vida.

Cuando empecé con esta etapa, mi cuerpo estaba acostumbrado al sedentarismo, pero, hoy en día, veo que eso se supera con la constancia.

Varios años antes de esto, cuando me sentía físicamente peor, me obligaba a salir a caminar. El día que finalmente lo hacía, en vez de hacer un recorrido según mi capacidad, recorría varios kilómetros (*a pesar, de no tener la condición física*). Por supuesto, al día siguiente, me dolía hasta la lengua y quedaba traumado, así que no volvía más.

Hoy mientras escribo esto, tengo unos dos meses sin correr, porque acaban de pasar todas las celebraciones de fin de año. Así que he vuelto a salir dos veces y como dicen *"siento el ácido"*. Sin embargo, eso lo veo como una cáscara que se cae con la constancia.

Es solo volver a correr en mi capacidad actual, de manera constante varias veces por semana y estaré de nuevo en el mejor nivel.

INTENTO OK #9: DORMIR

Hace poco escuché a un entrenador famoso diciendo: *"nuestro crecimiento no se da cuando estamos durmiendo"*. Un momento, dije yo, ese señor está equivocado. Obviamente, estoy sacando de contexto sus palabras, pero es solo para formar mi punto con este tema.

El sueño es sumamente importante y cada vez dormimos menos y peor. Yo dormía muy mal antes de esta etapa, en todo sentido.

Con este nuevo estilo de vida, en mi nariz se descongestionaron ambas fosas, algo que nunca había pasado o al menos no recuerdo nunca haber vivido y respirado así. Según me habían dicho, tenía rinitis y eso no se curaba. También mi digestión mejoró exageradamente.

Todo eso tuvo un impacto de mejora inmediato en mi dormir diario. Antes roncaba como carro viejo, al punto que incluso despertaba a nuestras hijas en la otra habitación.

Mi esposa fue quien me hizo notar ese cambio positivo también, aunque solo Dios sabe los traumas que le causé…

Otra de las *"pésimas costumbres"*, que tuve por años, era dormirme con el televisor encendido. Fueron incontables las veces que me desperté a medianoche y seguía encendido, incluso al día siguiente. Eso sin mencionar los terribles dolores de espalda, porque me dormía en la posición en que estaba viendo el televisor, usualmente con dos almohadas y con el cuello torcido.

Cuando por fin dejé esa manía con el televisor, apareció otra "*pésima costumbre*": dormir con el celular al lado de la cama.

Incluso en esta nueva etapa es algo con lo que lucho constantemente, es mas, les cuento una intimidad, son las 5:40 A.M. y estoy escribiendo esto con mi celular desde mi cama.

Sin embargo, no es por justificarme pero como dicen: "*sacando de lo malo, lo bueno*", se me ocurrió buscar aplicaciones para medir la calidad de mi sueño y resultó que sí había. Instalé una que se llama "*sleep cycle*" y empecé a grabarme, haciendo notas de lo que había hecho durante ese día.

Pasado un mes, no solo tenía un buen recurso para hacer reír a los demás, cuando les enseñaba los ronquidos míos de la noche, sino que podía ver la cantidad de tiempo que dormía profundamente y qué cosas influenciaron ese sueño. Además pude aprender el impacto que tiene un día con ejercicio y uno con descanso, así como uno totalmente sedentario.

Yo había leído, que si después de cenar no damos el tiempo adecuado a nuestra digestión, empiezan los "*radicales libres*" a salir como si fueran hormigas (*especialmente si tenemos una dieta alta en carbohidratos*). Ahora bien, haciendo ese ejercicio, lo pude comprobar técnicamente, tomando mediciones con el celular. Logré confirmar la pésima calidad del sueño, que resultaba de acciones como esa.

Obviamente, no les recomendaría jamás desvelarse, pero ese fue otro tema, que cambió radicalmente. En mi "*antiguo testamento*", desvelarme era lo peor que podía hacer.

Digamos que, por ejemplo, fuimos a una fiesta y llegamos a la casa a medianoche. Al día siguiente, me sentía malísimo, cansado, medio dormido y desorientado. Sin embargo, en esta nueva etapa que estoy viviendo, lo he tenido que hacer varias veces y me sorprende que, al día siguiente, sigo teniendo energía para moverme para hacer todas las actividades.

Desvelarme era otro tema que pensé que había estado afectado por la edad, porque cuando estaba en la Universidad, pasaba siempre desvelado (*por supuesto estudiando, mal pensados*) y no recordaba sentirme tan mal.

Con esto ya puedo meter la aguja en el nervio para decirles que ese cuentito de "*tenemos que dormir ocho horas*" no está completo. Aunque es importante para mí la cantidad de horas, mi descanso se ve afectado también por lo profundo de mi sueño y eso, a su vez, se relaciona con mi estilo de vida. Me guste o no, tengo todo conectado.

INTENTO OK #10: REDUCIR LA INFORMACIÓN CHATARRA

Tengo la bendición de trabajar desde mi casa, eso me ha permitido estar muy cerca del crecimiento de nuestras hijas, sin embargo, yo sé que no es lo más común.

Hace varios años, cuando tenía que salir de mi casa, recuerdo que era muy normal ver las noticias de medio día mientras almorzábamos en la oficina. Hoy en día, con los celulares, imagino que eso no se hace, sin embargo al punto que quiero llegar, es decirles que la influencia de los medios de comunicación y los dispositivos electrónicos ha estado más tiempo del que algunos piensan.

Cuando expliqué sobre la influencia de mi percepción en las decisiones que tomaba a nivel alimenticio, no pude ahondar en los *"altavoces"*, que mueven esa percepción, así que para eso hice este capítulo.

Para mí, la influencia más fuerte antes de esto venía del televisor y las redes sociales. Mi salud se veía afectada por las noticias, los anuncios, las *"opiniones"* de los demás en las redes sociales...

Hay un concepto que se llama la **Pirámide de Maslow**, por si no la conocen, es una forma de agrupar en una pirámide, las necesidades, que tienen los seres humanos y las divide en cinco grupos principales. Conforme pasamos a un nivel, necesitamos o deseamos continuar en el siguiente.

Después de comprender ese concepto, pude ver muy fácilmente cuál era la estrategia que seguían, en general, los noticieros. Una vez que yo puedo cubrir mis necesidades más básicas, la siguiente es la seguridad.

Además, los sucesos mueven nuestras emociones, por lo tanto, generan un impacto más profundo. De esta forma, consumía mucha *"información chatarra"*.

Otro punto, que me impactaba fuertemente, eran los anuncios. Ya les conté que le dije a mi esposa: *"voy a comer sano"*, mientras hablada de cereal de azúcar refinado de supermercado. Por ridículo que suene eso, lo aprendí de la televisión y los anuncios. Son muy creíbles, la gente, que sale en los anuncios y hasta los que están pintados en las cajas, se ven muy atléticos.

Lo que yo llamo *"información chatarra"* no es más que un montón de cosas que solo hacen ruido en mi cabeza. Hoy en día, con las redes sociales, es fácil que caiga en el error de pensar que debo estar constantemente al día, especialmente de información basura que no me engrandece como ser humano.

Los medios de comunicación siguen moviendo masas según su necesidad e interés. Tienen el poder de tomar una estadística aislada y hacernos actuar de cierta manera. No digo que vivimos en un cuento de hadas, pero resaltar todos los días la delincuencia, los accidentes, la muertes violentas... es una forma muy efectiva de domesticarnos.

Mi decisión de reducir lo que nuestra hija Lucía llama *"los electrónicos"* ha sido un gran acierto para mejorar mi salud. Me han pasado varios ejemplos de personas que empiezan a hablarme de alguna noticia, asumiendo que ya la sé.

Por ejemplo: "*todos estamos con tos porque llegó el polvo del Sahara a Costa Rica*" y yo con la cara de que me están hablando en chino, le respondo con dos opciones: o le digo que no tengo la más mínima idea de lo que me habla o solo arrugo la cara y digo "*¡ay qué feo!*".

La "*información chatarra*" no necesariamente es falsa, sin embargo, es algo que para mi vida no tiene valor, pero, mientras la consumo, esta, a su vez, me roba espacio en mis neuronas, que debería ser dedicado a cosas más inmediatas e importantes para mí.

Yo, como consumidor de información, tengo la responsabilidad de educarme. Es decir, los medios de comunicación, escuchan la demanda de las personas, y por eso, se ha creado un círculo vicioso. *¿Qué pueden hacer ellos, si mientras dedican espacios para difundir información importante, nosotros como consumidores, solo queremos "información chatarra"?*

Es muy cómodo tomar una posición unilateral y simplemente decir: "*es culpa de ellos*". No. ¡Es culpa mía!. La clave es la educación.

Hace casi trescientos años, vivió un "*compa*" llamado Immanuel Kant, que le hacía mucho a la filosofía. El asunto es que, se le atribuye esta frase: "*un pueblo educado, es un pueblo libre*".

También esta otra, que se le atribuye a José Martí, hace como cien años: "*Un pueblo de hombres educados será siempre un pueblo de hombres libres. La educación es el único medio de salvarse de la esclavitud*".

INTENTO OK #11: ESPIRITUALIDAD

Cuando estaba estudiando en la Universidad, había pasado por tantísima presión para llegar hasta ahí, que empecé a soñar con obtener un doctorado, (*para sentir que mi estudio había llegado al punto más alto*), graduarme e irme a vivir a alguna playa, poniéndome un pequeño negocio de artesanías y colgar mi título de doctorado en algún lugar visible.

Pasó el tiempo y mis emociones se controlaron un poco más, quizá demasiado en algunos casos, especialmente porque mi mente fue quien las domesticó. Sin embargo, mi espiritualidad era como ese traje o ropa especial, que usamos solamente cuando alguien se casa o hay algún evento especial.

Con esta experiencia, me quedó muy claro que una cosa es espiritualidad y otra es religión. Sé que algunas personas prefieren más una o la otra, sin embargo, en mi caso, ambas han sido fundamentales en este proceso. Durante el tiempo del hospital y la recuperación, la principal para mí fue la espiritualidad, esa capacidad individual que tenemos de razonar desde nuestra alma.

Con respecto a mi religiosidad, el mayor de mis problemas, era que no tenía bases firmes. Es decir, tenía mi casa construida sobre arena y eso se demostraba en mi desconocimiento. No tenía ni idea de lo que hacía. Si yo por ejemplo iba a la Eucaristía, nunca me quedaba nada de las lecturas bíblicas porque, siendo sincero, nunca me di a la tarea de querer entender el contexto en el cual se desarrollaron.

Imaginen por un momento que les empiezo a describir la terminal de trenes de Roma (*Roma termini*). Tiene tres pisos y el primero está subterráneo. Ahí yo les digo que me llamaron mucho la atención los espejos, que tenían en las paredes del fondo, en el costado oeste, frente a la tienda de maquillajes "*Kiko Milano*"…. Ahora bien, si les diera un papel y un lápiz para que hicieran un dibujo de lo que se imaginaron, estoy seguro que resultarían cosas así: los que nunca han estado ahí, harían ciertos dibujos; los que sí han estado en la terminal pero no fueron ahí, otros dibujos; y así continuaría… Sin embargo, si les mostrara una fotografía de lo que quería describir, posiblemente tendría diferencias muy importantes con respecto a los dibujos.

Lo mismo me pasaba a mí. Mi espíritu estaba muy presente en mí, pero mis bases religiosas no tenían ni idea siquiera del contexto histórico. Tiempo después de la recuperación, inicié ese camino investigando primeramente de forma histórica.

Antes de esta experiencia, me había encontrado un fragmento de un artículo publicado el 28 de setiembre de 1983 en el periódico "*Washington Post*". El artículo narraba cómo el exasesor especial de la Casa Blanca de los Estados Unidos decía que los hechos de la Biblia debían ser ciertos.

La afirmación la hacía debido al famoso caso "*Watergate*", que terminó con la renuncia del entonces presidente de los Estados Unidos, Richard Nixon y en donde el exasesor, había estado involucrado de primera mano.

En ese caso, según narraba, estaban los hombres más poderosos del mundo y aún así, no pudieron sostener una mentira ni por dos semanas. Su punto fue: si la historia de Jesús fuera mentira, cualquiera de los apóstoles, hubiera preferido salvar el pellejo, en vez de morir martirizado. Así lo había demostrado ese caso, sin importar el nivel de poder o los intereses que tenían, también eran seres humanos.

Cuando pasé por esta etapa de mi recuperación, este artículo fue la chispa, que me ayudó a dar pequeños pasos, investigando cómo fue la situación. Es decir, para qué les voy a mentir, yo creía que la Biblia era un libro de ficción más que histórico. Sin embargo, investigando un poco e incluso escuchando opiniones de personas ateas y de otras religiones, me he ido formando una opinión personal más amplia, aunque tampoco es que, hoy en día, sea *"cinta negra"*. Solo sé lo básico y un poquito más.

Mi punto al contarles todo esto es que no podemos negar la importancia de la espiritualidad, pero, en mi caso, el camino para ampliarla fue mediante la religión.

Puede que cada uno de nosotros tenga diferentes religiones, otros ni la tienen, pero todos necesitamos ampliar nuestra espiritualidad. Yo no digo cómo, ya eso es tarea de cada uno, solo que, sin esto, mi camino para mejorar mi salud no se habría podido dar completamente.

A más de uno se le puede *"parar el pelo"* con lo que voy a narrar a continuación, especialmente en esta sección de espiritualidad, pero, cuando ya tenía como ocho meses de recuperación, hacía mucho ejercicio y me ponía unos audífonos para escuchar música mientras corría o andaba en bicicleta.

En alguno de esos momentos, empezó a sonar una canción de rock, de un grupo llamado *"Iron Maiden"*. Para los que no saben quienes son esos, son los mismos que, cuando vienen al país, los medios de comunicación tachan a los jóvenes seguidores de *"mechudos vagabundos"*. Son los mismos *"camisetas negras"*, que llenan estadios y son nombrados *"satánicos"* (*ni idea de si lo son o no, ni tampoco me interesa*). En fin, unos de esos cuya música hace mucho estruendo pero es genial para hacer ejercicio.

Estaba en una caminadora cuando empecé a escuchar la canción y tuve que parar. La canción se llama *"las lágrimas de un payaso"* y describe a un payaso que tiene depresión, es decir, a alguien que siempre está sonriendo pero que, por dentro, está hecho pedazos.

Con esto no les estoy diciendo que me dejé el pelo largo o que ahora escucho música "*mechuda*", nada de eso. Solo les digo que la empatía y el mensaje, especialmente para el público al cual va dirigido, quizá no sea tan malo como lo pintan algunos.

Estamos llenos de prejuicios o al menos yo lo estaba. Mientras estamos jóvenes, nos revelamos con los adultos porque son "*aburridos*", pero cuando llegamos a adultos, les devolvemos el favor, tildándolos de "*vagos*". De igual manera, yo estaba lleno de prejuicios con la religión.

En mi cabeza, yo solía pensar: "*de la espiritualidad todo lo que quiera pero de la religión, hablamos otro día*". Pero no eran conceptos enemigos, sino yo mismo quien estaba lleno de prejuicios.

Antes de estar internado en el hospital, tuve un viaje de trabajo a las Vegas en los Estados Unidos. Estuve ahí una semana con compañeros de trabajo, sin embargo, lo que más me llamó la atención fueron las conversaciones que tuve con el director de la empresa, don Evaz Fanaian. En ese tiempo, yo no tenía nada claro lo que era mi espiritualidad, es decir, no sabía para qué me servía.

Recuerdo que estábamos en un restaurante cenando y él empezó a hablar del tema.

Al principio, mi mente salió disparada con un "¡*ok, aquí vamos!*", sin embargo, conforme avanzó explicando su punto, me di cuenta de un aspecto muy llamativo: "*él no tenía la más mínima intención de hacerme cambiar*". Solo me contaba su experiencia de una forma muy natural. "*Mmm eso no lo esperaba*", me dije a mí mismo.

No sé cual sea su experiencia, pero la mía era que, cada vez que alguien me hablaba del tema, prácticamente me quería bautizar ahí mismo… No me daban tiempo ni de pensar, cuando me salían con el famoso: "*¡arrepiéntete, pecador!*". Y yo me quedaba así como: "*pero, qué diablos*".

Él me dijo unas palabras que, aún hoy, después de pasar por todo esto, sigo usando: "*a nadie se debe obligar, ni siquiera a los hijos. Cada uno debe encontrar su propio camino*".

Como les dije anteriormente, yo estaba lleno de prejuicios.

Antes de estar en el hospital, mi espiritualidad no tenía bases. Más bien, estaba muy influenciada por personas con buenos sentimientos, pero con un enfoque erróneo.

Imaginemos que, metafóricamente, estoy hablando de una mega-autopista. Cada uno de sus carriles es una religión o creencia diferente, aunque también están los carriles de los que no creen, de los que prefieren no congregarse...

En ese ejemplo, yo estuve rodeado de personas enfocadas en los carriles, viendo cómo hacer para cambiar a los demás a nuestro propio carril. Es decir, con la vista de medio lado en vez de tenerla **al frente**.

Por tener la vista de medio lado, las personas aún con buenas intenciones inician guerras o matan a otros. Yo pude ver claramente, que esa mala costumbre de estar viendo de medio lado es, precisamente, lo que nos divide. Si tuviéramos la vista al frente de verdad, es decir, de corazón, no tendríamos tantas divisiones imaginarias entre nosotros.

Por tener la vista de medio lado, empezamos a interpretar lo que entendemos de los libros sagrados de forma literal o a conveniencia, unos para juzgar y otros para criticar. Pero la vista no va al lado, la vista va al frente. Al lado es para ayudarnos. Es para la caridad.

El bien es un lenguaje universal. Todos lo hablamos. Si queremos ver a los lados, que sea para ayudar, para brindar cariño, amor incondicional. No para dividirnos.

INTENTO OK #12: ¡EUREKA! EL AYUNO.

Hace muchos años o más bien, más de 250 años antes de Cristo, vivió un "*compa*" muy inteligente. Su nombre era Arquímedes. Era físico, matemático, inventor, astrónomo... en fin, le hacía a todo. Según la historia, un rey de ese tiempo mandó a hacer una corona totalmente de oro, sin embargo, empezó a sospechar que le habían robado el oro y le habían puesto otra cosa. Entonces llamó al "*compa*" y le dijo: "*viejo, necesito comprobar si me jodieron con esta corona, es decir, si me mandaron una falsa*"...

Arquímedes estaba atrapado. No podía fundir la corona para revisar si verdaderamente era de oro o no. Tenía que encontrar una forma de saberlo, pero sin dañarla. Un día, mientras Arquímedes se estaba bañando en una tina (*así tipo jacuzzi*), se dio cuenta que, cuando ingresaba al agua, el nivel subía. Entonces, rápidamente le llegó la idea de que podía comprobar dentro del agua, si el material de la corona era igual de denso que el oro.

Según la historia, Arquímedes, salió corriendo desnudo por la ciudad gritando "*¡Eureka!*", que significa en griego antiguo: "¡Lo he encontrado!"...

No se emocionen (*ni se decepcionen*) aún, yo no voy a salir corriendo sin ropa...

Este apartado es tan importante para mí que no he sabido bien cómo iniciarlo. Por eso lo dejé de último.

Durante el tiempo de mi recuperación, tuve una conversación telefónica con un buen amigo mío, Daveed Hollander. En ese momento, él me mencionó la palabra "*ayuno*", pero creí que no le había entendido bien. Al terminar, esa palabra quedó guardada en algún lugar alejado de mi cerebro.

Al menos, para mí, la palabra ayuno, suena como a esfuerzo, por lo tanto, no estoy seguro si debo llamarlo así o no.

Yo lo comprendo cómo: "*reducir el rango de tiempo en el cual ingiero alimentos*". Ya ha pasado un año de mi cirugía y tengo más de cinco meses de comer diariamente, solo entre la 1:00 p.m. y las 7:00 p.m.

Ahora bien, muchos podrán pensar que es imposible y que quizá es algo hasta poco saludable, pero no lo es. Al menos para mi contextura, edad y condición física no lo ha sido. De la misma manera en que tenemos información muy confusa sobre lo que es comida sana, también tenemos aún más confusión con respecto a la importancia del desayuno, de los tiempos de comida.

Cómo ya podrán comprender después de leer todos los temas, me volví algo así como un laboratorio humano caminante. Es decir, yo he probado cada cosa, siempre con la visión de un escéptico.

Mi enfoque, al probar algún cambio en mi estilo de vida actual, es similar a cambiar la estructura de un avión. Me mantengo muy abierto a los cambios, sin embargo, para incorporarlo en mi estilo de vida, necesito documentación y pruebas personales muy firmes para aprobarlo.

Mientras estaba en este camino de optimizar mi estilo de vida, encontré múltiples referencias al "*ayuno intermitente*", pero solo el título me pareció una locura. Es decir, yo hago esto para estar mejor de salud no para pasar sufriendo de hambre, sin embargo, hoy en día todo lo que hago me hace sentir mejor, incluidos mis tiempos de comida.

Mientras estaba haciendo pruebas con esto, compré un libro llamado: "**El enfoque científico del ayuno intermitente**", del doctor Michael VanDerschelden. Desgraciadamente, el libro solo está en inglés, pero lo pueden encontrar en la tienda de Amazon Kindle como "*The Scientific Approach to Intermittent Fasting*".

El libro está muy completo y sustenta cada afirmación con estudios muy serios. No tenía nada que perder así que empecé a probar muy lentamente, primero, empecé desayunando un poco más tarde, sin embargo, pronto pasé a probar qué sucedería si no desayunaba del todo.

Fue increíble y no solamente como percepción, sino lo digo con indicadores técnicos. Me sometí a pruebas de glucosa en sangre, mediciones de músculo, grasa general, grasa visceral, edad metabólica, índice de masa corporal, peso, presión sanguínea, pulso y hasta temperatura dos veces por semana durante tres meses seguidos. Siempre el mismo día y la misma hora, pero haciendo variaciones también. Por ejemplo, recuerdo un día en que me saqué la sangre seis veces, para ver como variaba mi glucosa con respecto a cambios que hacía con alimentación, ejercicio y ayuno.

Mientras estaba en este periodo de tiempo, recuerdo que estaba conversando con mi papá de otro tema, que no tenía nada de relación con la salud. Él empezó a contarme como antes, cuando él creció, las cosas no eran como hoy en día. Recuerdo que me detalló que antes no tenían la luz eléctrica tan a disposición, por lo tanto hasta los tiempos de comida eran diferentes.

Mientras me contaba, yo solo estaba tratando de imaginar lo que me decía, hasta que algo que me narró me llamó poderosamente la atención.

Según me dijo, cuando él creció, las personas no almorzaban a medio día como hoy. Quienes trabajaban en el campo, iniciaban su día con el desayuno a las 6:00 a.m. después almorzaban como a las 9:00 a.m. Seguidamente, al medio día, un tipo de café y, finalmente, la cena era a las 3 o 4:00 p.m.

Ese rango es sumamente similar al que hago yo hoy en día, porque tomando en cuenta el tiempo de sueño, pasan 14 o 15 horas sin comer. Cuando me dijo eso, me entró una gran curiosidad y empecé a preguntarle a otros adultos mayores de la zona al respecto.

Es muy interesante porque todos hacían algo muy similar. Estamos hablando que ellos pasaron la mayoría de su vida utilizando ese tiempo de comidas. Pero un momento, ¿No es cierto que tenemos que comer seis veces en el día?

Resulta que, como aprendí en el libro del doctor Michael, no hay estudios que respaldan esa afirmación. Cuando leí eso no lo podía creer, porque incluso he escuchado muchos profesionales en nutrición que lo dicen. También, afirman que el desayuno es la comida más importante y, de repente, me doy cuenta que fueron los vendedores de cereales los que impulsaron eso y no un estudio serio. ¿Entonces?

Cada uno tiene que buscar su propio camino, pero, por lo menos, les comparto lo que yo he aprendido y lo que hago. Mis indicadores médicos están óptimos, aunque solo han pasado cinco meses, yo lo recomendaría abiertamente cuando tenga unos dos años de hacerlo. Por eso les digo, eso hago yo, ustedes prueben y consulten, si acaso les interesa.

Nuestro cuerpo necesita entre 8 y 12 horas para consumir toda la glucosa almacenada en el cuerpo después de la última comida. Una vez ahí, empieza a quemar grasa como fuente de energía.

Yo he corrido ya la media maratón, sin embargo, para correr la maratón, el entrenamiento es muy diferente y una de las cosas más importantes es manejar lo que llaman "el muro". Pegar con el "muro", significa que, al ir corriendo después de 35 kilómetros apróximadamente, el cuerpo consume el 100% de la glucosa, por lo tanto, hace el cambio a consumir grasa.

El doctor, en su libro, lo explicaba con un ejemplo muy simple pero muy efectivo. Imaginemos un camión cisterna lleno de combustible. Si intentara conducir desde Costa Rica hasta México sin recargar combustible, quizá a medio camino se quedaría varado. A pesar de que tiene todo el vagón lleno de combustible, su motor se alimenta de los tanques más pequeños que lleva a los lados.

Igual sucede con nosotros. Si nuestro cuerpo se mueve solo con glucosa (azúcar), no puede usar las grasas como fuente de energía. Nuestro cuerpo está hecho para quemar grasa.

La evolución de nuestros cuerpos no sucedió hace unos años. Por ejemplo, hace 50 años, las personas no tenían la refrigeradora llena, el supermercado abierto hasta la medianoche, ni la alacena llena de galletas a toda hora.

Mientras vivimos en un tiempo de *"comodidades"*, también en uno de enfermedades cada vez más frecuentes. No esperemos a padecerlas.

Yo, por ejemplo, antes de esto, comía desde la mañana hasta la noche. Por lo tanto, tenía que hacer una cantidad importante de ejercicio para poder quemar grasa. Hacer este cambio en mis tiempos de comida me ha permitido quemar grasa, incluso en días en donde no hago ejercicio del todo, por lo tanto, también es práctico.

Al menos en mi caso, no tengo restricción de algún tipo de comida durante el rango de tiempo, sin embargo, siempre priorizo la alimentación sana (*alimentos naturales*), tal como lo describí previamente. Hay algo sumamente importante para mí y es que no paso hambre. Es decir, no me da durante el tiempo y para comprobarlo, lo probé mientras le hacía desayuno a mi esposa y nuestras hijas en las mañanas. Los olores fuertes de la comida no me causan hambre sino hasta que ya es mi hora de comer.

Al combinar esto con la dieta cetogénica (alta en grasas), mi cuerpo ha podido hacer cosas como pasar seis horas seguidas de ejercicio intenso sin comer. Es decir, no digo que eso lo deben hacer, digo lo que yo he hecho sin tener problemas ni hambre.

Actualmente, un día *"típico"* para mí es más o menos así:

- 7:00 a.m. Despierto.
- 7:00 a.m. a 1:00 p.m. Tomo dos litros de agua. Algunas veces té verde sin azúcar.
- 1:00 p.m. Almuerzo: predomina lo natural y carnes sin procesar.
- 3:00 p.m. Meriendo: semillas, frutas, panes hechos en casa...
- 7:00 p.m. Ceno (natural) y no vuelvo a comer más hasta repetir el ciclo.
- 9:00 p.m. A dormir

Al utilizar este ciclo, me he dado cuenta que puedo mantener mi salud física en óptimas condiciones, ya sea haciendo altas cantidades de ejercicio o no. Tengo más de dos meses de no hacer ejercicio físico con el ritmo que traía, principalmente por escribir este libro y trabajar. En este tiempo, también coincidieron las celebraciones de fin de año y un viaje en familia en donde comí en cantidades gigantescas.

A pesar de eso, mi contextura corporal sigue siendo la misma y mi energía sigue al tope. Sí puedo decir que antes de estas *"vacaciones de escritor"* tenía mis abdominales marcados con un rango de grasa corporal menor al 15%, sin embargo, a pesar de toda la *"fiesta"* que me he dado, sigue estando en un rango saludable de 16%.

El ayuno, para mí, fue un cambio similar a la hidratación adecuada: *es económico, efectivo, muy práctico y con resultados impresionantes*. Esos cambios se los recomiendo en sus vidas, no pierden nada con intentarlo.

ESTILO DE VIDA EN RESUMEN

Cada uno de nosotros es único e irrepetible. No somos *"cucharas"*, en la línea de producción de una empresa china. Sin embargo, voy a hacerles un resumen para iniciar con el estilo de vida saludable.

Pienso que podría ser una excelente forma de empezar el camino personal hasta el peso ideal. Algo muy práctico.

Si yo tuviera que volver a empezar, con el conocimiento que tengo hoy en día, haría algo más o menos así:

- Iniciaría por el agua, tomando la cantidad de agua que mi peso necesita. Aunque no sintiera ganas de tomarla, igual lo haría y lo sostendría por un par de semanas hasta que mi cuerpo me la pida.
- Durante ese tiempo, también haría lo posible por limpiar mi paladar. Es decir, desprogramar mi cerebro, para que deje de estar deseando los sabores fuertes de la comida procesada. ¿Cómo? Cambiando el arroz, el pan, las galletas… por productos naturales que me gusten. Quizá hasta volvería unos días al estilo *"hospital gourmet"*, es decir, sin sal, ni condimentos.
- También revisaría el estado de mi salud actual. Es decir, hacer mi propio *"examen de conciencia"* para ver cómo está mi salud espiritual, emocional, mental y física.
- Si logro mantener esto un par de semanas, cuando llegue ahí, aprenderé más cosas, preguntaré, leeré e investigaré

para poder iniciar otro ciclo. Paso a paso hasta transitar mi camino, hasta un estilo de vida más saludable.

"Dar el primer paso, es muchas veces el 50% del recorrido".

Cuando realicé mi primera carrera de atletismo saliendo del Parque la Sabana en San José, me sorprendió que había muchos medios de comunicación, música, animación y un ambiente buenísimo. Yo, en mi cabeza (medio incrédulo), decía: *"qué extraño tanta cosa, si la ruta más larga es solo de 10 kilómetros".*

Yo, en ese tiempo, corría esa distancia tres veces por semana, pero lo hacía solo o con mi hermano menor Luis. Había aprendido a hacerlo muy naturalmente y se me hacía muy *"normal".*

Así deseo mi estilo de vida saludable, muy *"normal".* Sin embargo, al igual que la carrera, celebren su intento porque con solo eso, ya serán parte del *"exclusivo"* grupo de personas, que toman conciencia de su salud.

Yo también pasé mi temporada donde era un *"dolor de cabeza",* para mi esposa y para todos en casa, porque quería hacerlos a todos *"saludables"* de la noche a la mañana. Es parte del proceso, los errores, que cometemos cuando estamos avanzando, no importan a largo plazo. Mantengan la vista al frente de su objetivo y la madurez vendrá con los golpes. *¡Qué lo diga yo!*

Como les decía antes, conforme avancen en su camino, verán un mundo totalmente nuevo. Después vendrá el ejercicio, los retos personales... Los demás notarán su cambio, les subirán la autoestima o les inflarán el ego y, en general, se subirán en una montaña rusa muy interesante.

Pero lo mejor será: su herencia en el mundo.

Por si no lo saben, las enfermedades crónicas se heredan. Pero contrario a lo que yo creía, esa herencia no es genética. Solo un 6% *(según recuerdo)* se hereda genéticamente, todo el resto, es decir, la gigantesca mayoría, se hereda mediante el estilo de vida y las *"tradiciones"* que se pasan de generación en generación.

Quiere decir, que mientras yo solía ser un *"sedentariazo"* con sobrepeso, algo así como la *"papa tostada del sillón"*, estaba aumentando las posibilidades de que nuestras hijas también lo fueran. A mí me sonaba *"divertido"* contar, a los demás, que no podía caminar 100 metros sin agitarme, pero ver esa imagen en nuestras hijas es otra historia.

Nunca les ha pasado que regresan el tiempo y dicen: *"si yo hubiera hecho A, quizá hoy tendría B"*. Bueno, hoy es el día, déjense de *"habladas"* y arriesguense a dar el primer paso.

Nuevamente, se los digo, no somos todos iguales. Pero intenten. Especialmente si ahorita tienen sobrepeso, como solía tenerlo yo.

Si ustedes tienen los recursos para pagar una profesional en nutrición, háganlo. Si no los tienen, prueben ustedes mismos. El mismo *"paso a paso"* que funcionó para mí, no necesariamente es el mismo que funciona para ustedes, pero intenten. Es una locura hacer siempre lo mismo y esperar resultados diferentes.

Especialmente, voy a hacerles una pregunta que le escuché a una doctora hace tiempo: *"¿Quién es el director de la orquesta?"*. Yo pude hacer el cambio, porque me convertí en el director de la *"orquesta de mi vida"*. Nuestros doctores, por más que se desvelen y más que se preocupen por nosotros, no pueden saber absolutamente todo, lo que nosotros mismos sabemos de nuestra propia vida.

Yo he escuchado muchas veces: *"es que una doctora me dijo, que caminara para bajar de peso, pero más bien subí"*. Sin embargo, ayudaría muchísimo, si nosotros mismos nos volvemos los directores de nuestra orquesta. Si logramos encontrar nosotros mismos la manera, especialmente si lo estamos necesitando.

OTRO GIRO EN LA HISTORIA

Como quizá ha podido notar en el desarrollo del libro, me siento muy cómodo con los cambios. Aquí no será la excepción. Para cerrar con este libro, quise compartir los mensajes que le envié a mis familiares y amigos durante mi hospitalización y mi recuperación.

Cada uno tiene la fecha cuando lo escribí, es importante que le preste atención a ese detalle, para poder contextualizarlo adecuadamente.

Sin embargo, voy a iniciar con el resumen de mi historia, llamado: *"Mi historia cronológicamente"*, para después avanzar con los artículos. *Pónganse cómodo…*

TERCERA PARTE

✳ ✳ ✳

MI HISTORIA CRONOLÓGICA-MENTE

***Escrito el 06 de setiembre, 2018 a las 07:00 a.m. desde nuestra casa**

- **A finales del 2016**, me dieron dolores en las piernas. Fui a un ortopedista y me inyectaron desinflamatorios. Eso controló el dolor y seguí normalmente.

- **El 31 de diciembre 2017** pasé 12 horas *"mal sentado"* en un avión con nuestra hija en brazos. Al bajar sentí de nuevo los dolores.

- **El 17 de enero 2018** ya no podía ni dormir. El dolor era incontrolable en toda la parte posterior de las piernas y fui de nuevo donde un ortopedista.

- **El 18 de enero 2018** me realicé los exámenes, una radiografía (*que no mostró nada extraño*) y una resonancia magnética en donde se veía claramente que tenía **un tumor de 6 cm x 1,2 cm en mi médula**, a nivel de cauda equina (*el final de la médula en mi espalda baja*). El reporte llegó este día.

- **Ese mismo día (jueves 18 de enero 2018)** el neurocirujano de la clínica privada nos pidió ir DE INMEDIATO al Hospital México. Llegamos sin referencia alguna y no tardé ni cinco minutos esperando. Me pasaron de inmediato a Emergencias. Según nos dijeron debían operarme tan pronto fuera posible. El servicio del Hospital México ha sido el mejor del mundo para mí.

Si estás pasando por algo similar te servirá esta historia: cuando esperábamos en Emergencias, mi esposa y yo, estábamos totalmente destrozados. Yo solo recuerdo pensar que no quería morirme tan pronto, de verdad *"manda huevo"* decía yo, si estoy más feliz que nunca... Pero estaba destrozado. No sabía qué hacer, si pelear en mis adentros o si dejar que Dios hiciera lo que quisiera y yo solo dejarme morir. De la nada, como a media noche, apareció una enfermera, como apurada, cerró las cortinas de la camilla mía y se descubrió su estómago. Tenía una herida gigantesca y me dijo algo que nunca voy a olvidar: ***"don Minor, yo pasé por el cáncer hace 8 años y aquí estoy. Manténgase positivo porque eso le va a subir las defensas"***.

- **Entre el 18 y el 22 enero** estuve internado, hice excelentes amigos en el hospital y aprendí lecciones de vida, que hoy me hacen llorar de emoción. Esos días fueron una gran bendición.

Las palabras de **Manténgase positivo** empezaron a sonar más fuertes esos días y, en vez de usar pantuflas, le pedí, a mi esposa, unas tenis. Subí las gradas del Hospital México, desde el cuarto de ascensores (último piso) hasta el primero (con regañada incluida de los guardas) varias veces. Y empecé a hacer ejercicios en las gradas.

- **El 23 de enero 2018** fue mi cirugía. Esto mejor me lo guardo para mí, pero fue una bendición. Estuve casi dos días en cuidados intensivos y aprendí lo lento que pasa el tiempo ahí, conocí la paciencia y también conté los 840 huequitos que tienen las lámparas del techo. Tengo que agregar que me cambiaban de posición cada dos horas con un dolor increíble, me dieron de comer con una jeringa (check) jaja, me bañaron en la misma cama... Fue rudo.

- **Salí del hospital el viernes 26 de enero 2018**. También sentí cuando me drenaron una enorme pelota en mi espalda sin poder usar la anestesia. Vi un milagro en cámara lenta, cuando me ayudaron a ponerme de pie. Aprendí lo que se siente dormir orinado sin poder moverse o verme tirado en la cama mientras me hacían un tacto rectal y sin poder moverme... La bendición de conocer en la práctica, porque tenemos que ser humildes.

- **El lunes 29 de enero 2018** regresamos a emergencias porque mi herida no andaba bien. Sin embargo, gracias a la ayuda la neurocirujana ♥ y de los doctores de emergencias, se controló y pude salir de nuevo ese mismo día.

- **El mes de febrero 2018**, aprendí a caminar de nuevo. A pesar de que podía caminar muy despacio, mi cabeza creía que podía hacer cosas que mi cuerpo no podía. Algo simple como caminar en lastre o un terreno no plano, me ocupaba un esfuerzo muy grande. Pasé en cama varios días (para mí fue una eternidad) hasta que pude salir. El esfuerzo más grande aquí fue mental. Por el amor de mi familia, no querían que hiciera nada y mentalmente me empecé a sentir discapacitado.

- **El 19 de febrero 2018**: tuve cita en CENARE (Centro Nacional de Rehabilitación) para iniciar mi rehabilitación. Estuve 15 días y aprendí a hacer ejercicios que hoy sigo haciendo aunque con otra intensidad.

- **El mes de marzo 2018**, ya tenía más fuerzas y caminaba mucho mejor. Mi pierna izquierda no tenía mucha fuerza pero todo lo demás estaba muy bien. Aquí fue donde empecé a hacer la dieta cetogénica, guiado por los artículos que puse en los enlaces (*anexos al final del libro*). Siempre tuve problemas con sobrepeso, triglicéridos, colesterol... En este tiempo, hice la dieta exageradamente al pie de la letra. Conforme avancé con la dieta, sentía más energía y más fuerza. Empecé a perder peso muy rápidamente también.

- **El 13 de abril 2018**, me hice un chequeo médico anual, para revisar si lo que estaba haciendo estaba bien o mal. TODOS mis indicadores decían que estaba en óptimas condiciones. Eso fue muy extraño, pero yo me sentía así de bien. Incluso la diabetes, porque en el hospital me la revisaron y me dijeron que estaba diabético, sin embargo, para ese examen me salió "*óptimo*".

- **El 20 de abril, 2018**, me hicieron cuatro resonancias magnéticas, buscando metástasis del cáncer (*todo el sistema nervioso*). Según la voluntad de Gracias, todas salieron limpias. Cuando fue mi cirugía, recuerdo que la neurocirujana me dijo que había una parte del tumor que había que dejar porque para quitarlo debía cortar mis nervios y eso me podría dejar sin movilidad, pero para eso era la radioterapia. Lo interesante es que, en esas resonancias, no salió nada del resto del tumor. El radiólogo nos explicaba que quizá podía ser algo muy milimétrico y por eso no salía, sin embargo, gracias a Dios estaba "*limpio*".

- **El 30 de Abril 2018** me intentaron hacer una "*punción lumbar*". Todo un "*viaje*" porque me fui en medio de la pinchada de médula y desperté todo sudado, como con 8 enfermeras encima, con cara de susto… jaja Yo ni sabía que había convulsionado pero todo bien, fue una experiencia muy extraña.

- **El 02 de mayo 2018** empezó mi tratamiento de radioterapia. Aquí aún en este tiempo estaba haciendo la dieta cetogénica y la continué por los siguientes dos meses que fue lo que duró el tratamiento. Sin embargo, ya para este tiempo ya tenía fuerza incluso en mi pierna izquierda. Ya podía caminar bien y con el resto de energía podía andar en bicicleta y empecé a nadar.

- **En junio 2018** empecé gradualmente a hacer ejercicio como estilo de vida. Cada vez un poco más dentro de mi capacidad. Además dejé la dieta cetogénica pero seguí comiendo "*sano*" y balanceado.

SANO: nada de azúcares refinados ni basura de ese tipo, nada de galletas, panes cuadrados… sí muchas verduras, legumbres, frutas y carnes de vez en cuando.
BALANCEADO: trato de consumir cantidades controladas de los "*macro*", proteínas, carbohidratos y grasas. **Proteínas**: pollo,

pescado... **Carbohidratos**: pastas (integrales) de vez en cuando, panes de masa madre, granola (como si hubiera un mañana :D), de todo un poco. **Grasas**: por supuesto que saludables como el aguacate (a pesar de que está caro), frutos secos, aceite de oliva en la ensaladita...

- **Entre junio y agosto 2018,** he podido hacer cosas que nunca había hecho en mi vida, en el ejercicio correr más de 100 KM en todo ese tiempo (a poquitos) y ahorita mi marca máxima es de 16.5 KM (*ya casi hago la media maratón*), andar en bicicleta hasta 40 KM y me estoy preparando para hacer 190 KM en octubre 2018 (¡hecho!). En mi vida espiritual, formamos parte del Encuentro Matrimonial Mundial de Costa Rica, ha sido una bendición. En mi parte emocional, me siento muy feliz y animado cada día, me dieron de alta en Psicología (*al menos en una porque me falta otra*). Pero, en general, siento una gran tranquilidad y felicidad.

- **Hoy es 06 de setiembre 2018** (*cuando escribí esto*) y esta historia se sigue escribiendo gracias a Dios. La base de lo que como es lo mismo (*lo que venden en la feria del agricultor*). Si está pasando por algo similar, le doy el mismo consejo que me dieron a mí: **¡Manténgase positivo porque eso le sube las defensas!**

- **El 09 de setiembre del 2018**, participé en el Desafío Earth (46 k.m.).

- **El 16 de setiembre del 2018**, participé en La Ruta de la Costa, (142 k.m.) por la península de Nicoya en Guanacaste.

- **El 23 de setiembre del 2018**, corrí la Bimbo Global Race (10 k.m., atletismo).

- **El 14 de octubre del 2018,** participé en Reto Calero 2018 (190 k.m.).

- **Entre setiembre y noviembre del 2018,** hice mucho ejercicio, logré muchas metas y aprendí mucho. Me detuve "*temporalmente*" por este libro, sin embargo, si Dios así lo permite, espero regresar.

Y así pude seguir avanzando en temas de ejercicio, lo cual se convirtió, a su vez, en una terapia y fortaleció la esperanza, porque cada reto logrado me fue llenando de confianza, un poquito a la vez. Logré más retos deportivos, pero mientras tanto, esos son suficientes para explicar mi punto.

Quisiera dejarles claro, que esta historia no trata de un *"superhéroe que salió del hospital para conquistar el mundo"*. Todo lo contrario.

Hace muchos años, escuché a don Roberto Gómez Bolaños (q.d.D.g.), decir en una entrevista que *"superman"*, *"batman"* y todos ellos, no eran héroes. Según decía, el verdadero héroe, se parece más al *"Chapulín Colorado"*, es decir, tiene miedo, es débil, torpe, pero a pesar de eso, lucha por salir adelante.
El verdadero héroe también pierde, llora y sufre.

Yo podría enfocar esta historia en mis logros deportivos, pero eso sería pintarme a mí mismo, pareciéndome a *"superman"* y, no es cierto. Hoy en día, sigo sufriendo la incertidumbre, de no saber, si podré llegar a viejo o no.

Sin embargo les digo, quiero creer que hay algo más y mejor, después de nuestra muerte. Antes del hospital, no lo creía, pero esa luz que sentí antes de la cirugía, así me lo enseñó.

A ustedes que están en fase terminal, sepan, lo mejor está por venir. Confíen.

Andamos por la vida, con algo muy similar a una armadura, ahí están nuestros sentidos, instintos, etc. Nos protegen pero también, nos estorba. Si dentro de poco tiempo nos toca experimentar la muerte, sepan que cuando esa armadura caiga, seremos libres.

ARTÍCULOS ESCRITOS DURANTE Y DESPUÉS DEL HOSPITAL

* * *

MI TESTIMONIO DE VIDA

*** Escrito el sábado 20 de enero, 2018 a las 03:00 a.m. desde el hospital**

¡Hola familiares y amigos! Les deseo compartir mi testimonio y un poco de mi historia de vida, porque quizá les sirva a ustedes en los momentos que están pasando.

Hace muchos años, antes de acostarme y en medio de la tristeza, estaba rezando como un robot, sin pensar en lo que se dice y cuando iba por el *"hágase tu voluntad"*... paré y le dije enojado a Dios, *"diay si usted es Dios, hágala a ver..."* La historia es larga pero, resumiendo y aunque suene extraño, todo empezó a cambiar desde ese momento.

Al tiempo conocí a Mila, quien complementaría mi vida para siempre y en quien, en los momentos más difíciles que hemos vivido, la he visto como Dios vivo a mi lado sosteniéndome, guiándome y amandome incondicionalmente.

Todo ha cambiado muy rápido en estos últimos días, algunos vieron fotos del paseo (regresamos de Europa hace dos semanas), estábamos pensando en la entrada a clases de Sofi y la de Luci también. Yo tenía un dolor en mi espalda y piernas, pero no tenía la menor importancia.

La historia cambió en sólo un día. Les estoy escribiendo desde el 4to piso del Hospital México, son las 3:00 a.m. Tengo un tumor en mi médula y estoy esperando cirugía. Palabras más, palabras menos.

Familiares y amigos, de verdad oren por nosotros, no lo digo como muletilla. Estoy 100% positivo, eso me levanta las defensas. Me he quebrado varias veces y he llorado mucho. He tenido miedo, pánico, pero he decidido LUCHAR con todas mis fuerzas y con todo el apoyo. Además de ACEPTAR lo que ese mismo Dios bueno me ha dado y lo que vendrá, sin ninguna condición.

Por favor, respeten a Mila (mi esposa). Ella es una mujer fuerte y valiente. Pero dar explicaciones de algo así es desgastante. Estos días en el hospital han sido muy bonitos, todas las personas han sido ángeles y comparto habitación con otras cinco personas.

A veces uno se preocupa si la ropa le combina o si es de marca o si tengo esto o lo otro, pero estar aquí en esta situación nos despierta. Amén, vivan, poder mover un solo dedo es un milagro.

Dios sabe que solo quiero ser el esposo que Mila merece, el padre que Sofía y Lucía necesitan y seguir trabajando en lo que amo.

Pídanle a Dios que no se quebrante mi fe. Que no se quebrante la fe en todos nosotros, que logremos mantenernos positivos, que Dios me de las fuerzas para estar positivo, para pasar por esto y aceptar lo que venga. Tengo una oportunidad y eso es lo que importa. Aquí hay muchos que no la tienen.

Familiares y amigos, Dios sabe que hace tiempo nos tocó vivir eventos que nos cambiaron la vida y este es otro más. Al Dios vivo que he sentido en mi corazón, que he visto en los ojos de Mila, le doy gracias sin renegar y acepto esto porque siendo justo, se le fue la mano y me ha dado mucho más de lo que yo le pedí esa noche, hace tantos años.

Vamos a darle con fuerza y con fe hacia adelante, aquí entre ustedes tengo historias incluso más fuertes que está, así que ¡NADA DE POBRECITO! ¡Le doy gracias a Dios porque hasta me toco una cama con vista a la ventana!

Amén a sus esposas, a sus hijos, a sus papás, a sus hermanos y amigos. *"Cosa tonta es el rencor"* dijo el Papa el otro día. Los besos y los "te amo", son gratis de precio pero de infinito valor.

Les escribo por aquí, pero también saquen la cabeza del celular, hay un mundo de vida y milagros que verán si lo hacen. Háganlo conscientemente. Abracen a alguien que aman y escuchen su corazón, piensen cómo se mueve tan rápido y lo frágil que es, Dios puede detenerlo.

Mila sabe que, desde hace años, me asustaba la idea de morir sin haber sido feliz. Pues lo soy y lo seguiré siendo con la ayuda de Dios. Porque quiero ver a nuestras hijas crecer y amar a Mila tanto como pueda.

¡Feliz día, que Dios los bendiga!

DIOS ES AMOR

*** Escrito el domingo 21 de enero, 2018 a las 05:00 p.m. desde el hospital**

¿Qué es Dios, sino amor? Como yo he sentido la aguja cuando he tenido que sostener a nuestras hijas, para las vacunas anuales, así me sostiene Dios, cuando me ponen una a mí.

Él, sin ser yo digno de eso, se glorifica en mi dolor, no por mi dolor, sino por: ¡LA FE Y LA PAZ, que me da!

Ahora le reclamé que no se abuse, porque me tuvieron que poner la vía intravenosa dos veces...

Siento a Dios en ustedes con sus mensajes, en mis compañeros, que comparten mi pena, en todos los que trabajan aquí y su trato de amor y, especialmente en mi roca firme, mi oasis de paz y de amor, mi princesa Milagrito.

¡Qué rico es sentirse tan vivo! Creo que era Facundo Cabral que dijo: *"Cuando la muerte te sorprenda, asegúrate de estar bien vivo"*.

Les deseo eso, (ojalá sin el dolor).

¡Feliz domingo familiares y amigos!

Fotografía del domingo 21 de enero del 2018, dos días antes de mi cirugía. Mila me contó tiempo después, que les puso vestidos bien lindos a ellas, porque no sabía si ese sería el último día que nos veríamos juntos. A pesar de que ha pasado más de un año, esa herida aún sangra...

LA EMPATÍA

*** Escrito el lunes 22 de enero, 2018 a las 05:29 a.m. desde el hospital**

"Lo que mi esposa siempre trató de enseñarme y yo casi nunca le entendí".

Quiero compartir esto que es tan personal, que expone hasta los defectos, que más me avergonzaban, especialmente porque podría ayudar a algún paciente ahorita internado. Yo se lo escribí a mi familia cuando estaba en el hospital, pero estando internado se comprende mejor. No sé si es porque tenemos más tiempo sin distracciones (cuando estamos conscientes). Esto es otra forma de ver, con amor, el proceso de dolor que ustedes están pasando en este momento.

Me internaron en el hospital poco después de regresar de un viaje. Mi esposa se llama Milagro (Mila).

Costa Rica, Hospital México, Piso #4, Cama #26.
Un día antes de mi cirugía

Como ustedes saben hace como tres semanas, Dios nos dio la posibilidad de conocer los museos del Vaticano. La cosa es que adentro está la Capilla Sixtina.

La guía nos explicó que Miguel Ángel Buonarroti la pintó hace más de 500 años, pero, justo hasta hace unos pocos, menos de 50, la capilla tenía unos colores todos opacos y oscuros.

Resulta que los *"expertos"* decían que Miguel Ángel, como no era pintor sino ESCULTOR, probablemente no sabía bien las técnicas y por eso era así.

No fue hasta que un grupo de restauradores, hace muy pocos años, se dio cuenta que los *expertos estaban bateando* y que lo que tenía el techo de la capilla era una capa de sales de productos que otros restauradores habían usado durante siglos y hollín de las mismas candelas.

El proceso de restauración que hicieron, y lo pueden buscar en YouTube, reveló el nivel increíble de detalle y conocimiento, que Miguel Ángel usó, en algún lado leí que alguien dijo: *"Si se comprende lo que se hizo ahí, se comprende lo que puede alcanzar la voluntad humana"*...

Lo importante es que me he dado cuenta que, a nosotros como seres humanos, la mente nos va pasando sales para restaurar el corazón, pero eso lo va endureciendo y oscureciendo.

Lo digo porque así soy yo, o bueno, a lo mejor así era... Cuando alguien me decía, vieras que fulano está en el hospital, yo posiblemente decía: *"ish qué mal"*, pero tenía que ser cercano para sentirlo, para dejarlo un poquito pasar por el corazón.

Esa capa de hollín me dio una mente hábil para juzgar. Si me decían: tal familia está pasando una mala situación económica, mi mente más rápida que Google me decía: ¡ah! pero los vi solo bolsas de tonteras en el mall... o tal persona tiene una situación física: ¡ah! pero si es bueno para el pollo frito y la chatarra.

Aquí en el hospital, desde la primera noche en emergencias, empezó el proceso de restauración y OJO no ha terminado. Técnicamente, les puedo decir que ese hollín sale del corazón mediante lágrimas.

Esto yo lo escribo más para mí y para Mila que para ustedes, (*ya hasta leer este montón de palabras es aburrido*), yo los comprendo al 100%. ¡Porque yo he sido siempre así!

Todos tenemos nuestras vidas y nuestras prioridades y preocupaciones. La mente lo sabe y protege el corazón. Hay que pasar por esto para limpiarse bien y también sé, que, en el futuro, se podría ensuciar de nuevo, porque dichas "*sales*" tienen un objetivo noble también... Lo hacemos para proteger a nuestros hijos y a quienes están más cerca de nosotros, porque jamás queremos que nos vean sufrir de verdad.

Yo creo que si acaso derramé un par de lágrimas, cuando Mila y yo hicimos el Encuentro matrimonial, pero llorar nunca. No tenía por qué, amo mi vida, he sido feliz y tenía una capa antibalas en el pecho.

Sí les digo algo, esta restauración me dado mejores colores. Si ustedes leen mis mensajes eran: Oren por mí o por nosotros (*como si fuera el único aquí*)... esta noche me acosté totalmente angustiado por mis compañeros que van hoy a cirugía. Siento su miedo como mío, sin hollín. Siento el sudor frío y las lágrimas del corazón.

Si tienen un chance, aprendan por cabeza ajena. Que esto no pase en vano. Que no tengan (*como yo*) que estar aquí para que Dios los limpie. No se van a volver "*bichos raros*" si le dicen a alguien que lo aman o si, por lo menos, comparten un poquito de su pena o alegría.

Bendigan a sus amigos y, al rato con el tiempo, a quienes no lo son tanto... Tanta publicidad nos ha hecho pensar que ser humilde tiene que ver con plata.

Hoy es 12 de diciembre del 2018... He pasado por tantos cambios este año que hasta físicamente me veo diferente, pero el cambio más importante está adentro. No se ve a simple vista.

Aprovechen esta oportunidad, que no pase en vano. Su pena hoy puede ser como vacunar a nuestras hijas, el dolor de la aguja la sentimos en el alma, pero es para un bien aún mayor. Igual que las mujeres que están dando a luz, todo el dolor es nada en comparación con la bendición de la maternidad.

MI CARTA DE DESPEDIDA

* **Escrito el lunes 22 de enero, 2018 a las 08:27 p.m. Unas horas antes de mi cirugía.**

Para mi eterno amor, Milagrito, para Lucía, para Sofía y para toda la familia y amigos.

Si me tocara irme, no le pondría ninguna condición a Dios para mí. Cero. Uno escucha que la Virgen en su situación dijo: aquí está tu esclava, que se haga según tu voluntad. O al mismo Jesús diciendo, si hay chance, apártalo, pero que no se haga mi voluntad sino la tuya. ¿Quién soy yo? sino cualquier persona, feliz esposo de Mila y orgulloso papá de Lucía y Sofía. Como ustedes, todos podemos, ojalá sin el dolor.

Yo, en mi debilidad, le entregué todo a Dios para que se glorifique en mí. Pero OJO no se confundan, yo para ustedes sí le he pedido a Dios algo.

Yo no voy a estar en el llanto de un funeral, sino en la paz que les vendrá después de que pase. Yo no voy a estar en el llanto de Mily, que me extraña, sino en la risa cuando recuerde nuestras aventuras o cuando recuerde con el amor que hoy le acaricié su rostro.

Yo no voy a estar en el corazón estrecho de ninguno de ustedes, cuando Lucía o Sofia pregunten por mí, sino en el palpitar del corazón de ellas cuando tengan su primer beso. Yo voy a estar cuando ellas corran a abrazar a mamá, después de graduarse.

Cuando vayan a la playa y el atardecer baje, ahí voy a estar yo, en la paz, en la tranquilidad, en las aguas mansas, en el amor.

Cuando Mily haga su vida y encuentre amor, ahí estaré yo. FELIZ. Porque su felicidad será la mía por siempre. Cuando Lucía y Sofía, tengan logros, ahí estaré yo, como cuando Sofía compitió en natación y yo lloré de felicidad con ella o cuando Lucía participó en el show de talentos y mi corazón explotó de orgullo.

Ahora bien, si Dios desea sacarme caminando de aquí, le he pedido que me dé fuerzas para mantenerme tan vivo como hoy. Para amar tantísimo a Mila como hoy. Para sentirme tan amado por todos, como hoy.

Familiares y amigos, yo no voy a estar en las cosas que no hice bien, ni en los abrazos que no di, sino en los recuerdos bonitos que les dejé. En los chascos que recordarán de mí o en alguna tontería que dije y los hizo reír.

En vez de estar en el abrazo que no le di a un amigo, estaré en la risa de recordar la cama de los borrachos. Voy a estar en los brincos del escenario cuando la música suene y los sueños se hagan realidad. Voy a estar en los pedales de la bici, en el silencio de la montaña. En los peinados que llenen de felicidad a los demás y en cada lechuga que crezca de los invernaderos de mi papá.

A Dios le he pedido misericordia, pero solo ÉL sabe cómo se glorificará en mí.

Si Dios en su misericordia me saca de aquí, ojalá caminando, les pido por favor que después del tiempo, **cuando cometa un error, no juzguen al mensajero, sino abracen el mensaje.**

El mensajero es débil, pero el mensaje es eterno. Viene de Dios.

PERO HASTA AQUÍ.

Humanamente me levantaré, con la ayuda de Dios. Todos ustedes que han pensado en mí, que han sentido mi dolor, que han sentido a Dios, verán que SÍ SE PUEDE.

Si yo me levanto de esto, ustedes se puede levantar de sus problemas o acaso ¿Soy el único que los tiene?

Si hoy mi corazón se detuvo cuando salió don Peter y cuando salió José a cirugía y Dios los regresó, llenándome de felicidad. (*Por cierto aquí estamos todos hablando tonteras con un enfermero que es buenísimo*). Dios mismo me regresó la paz.

Yo negué a Dios cuando perdimos nuestro primer embarazo y creímos que ya no seríamos padres. Y Dios, en vez de vengarse por darle mi espalda, incluso después de lo que les conté y yo saber que era Él quien me había hecho tan feliz, nos envió a Lucía y a Sofía. Yo le di mi espalda a un amigo y Él me abrazó.

En esta experiencia tan fuerte, le he dado gracias en cada instante porque estoy seguro que si esto no hubiera pasado, ustedes no sabrían nada de esto. Fui un cobarde, por miedo al qué dirán.

Pero estar aquí después de este golpe, era lo que necesitaba y Dios sabe que lo he tenido presente en cada instante.

Les cuento algo, cuando veníamos en el vuelo desde España, Sofía se me durmió en los regazos, yo estaba súper cansado y me dolió la espalda pero dije, ¡ah! Allá veré cuando lleguemos a casa.

Ahí empezó el dolorcito, la inflamación. Hoy la neurocirujana me dijo que, si yo no me hubiera inflamado, posiblemente me daría cuenta del **cáncer** cuando perdiera la movilidad de mis piernas. Así es, ella usó la palabra cáncer y se me detuvo el corazón, pero tranquilos, es solo una palabra.

¡Ahí está Dios! Me dio el chance de darme cuenta antes y me dio la oportunidad que me tiene aferrado a la vida. ¿Lo que vendrá después? ¡Ahí lo veremos, "*relax*"!

Dios me ha dado tanta paz que estoy con ganas de enfrentarlo. ¡Hoy Mila me cargó tanto de energía, que estoy listo! Estoy feliz y me siento muy en calma.

¡Nos vemos pronto!

SOBRE LOS MILAGROS

*** Escrito el jueves 25 de enero, 2018 a las 09:48 p.m., después de salir de cuidados intensivos.**

Hola, buenas noches, soy yo con el celular de Mila. Estoy muy bien, gracias por tantos mensajes llenos de amor. Mañana se supone que voy para la casa, todo nos ha salido según la voluntad de Dios.

Me aprendí un truco nuevo, le digo a alguien: ¿Quiere ver un milagro? y después le digo que mueva un dedo. Solo los de neurocirugía lo entienden.

Antes de esto yo tampoco lo entendía. Uno busca milagros mágicos, como las películas y, a cada instante, tiene millones. No hay que desperdiciarlos.

Gracias por el apoyo a Mila, yo aquí descansando y ella se llevó toda la carga encima.

Me gustó mucho esta experiencia que Dios me regaló, tengo muchas cosas que contar pero más adelante.

Buenas noches, que descansen.

UN CHISTE DE LA VIDA REAL

***Escrito el miércoles 31 de enero, 2018 a la 01:25 p.m. desde mi casa.**

A la doctora de Terapia Física que me ayudó a ponerme de pie en el hospital, le agradezco todo, pero me tenía atemorizado, primero porque no creía que me podía poner de pie; y segundo, ni fuerzas tenía para ejercicios.

Cuando pasaba al baño yo, me decía "*Camine bien, parece Robocop*" y yo iba pensando: soy el más normal de todos, pero también tenía que pensar: pie izquierdo adelante, mano derecha adelante... Es imposible caminar normal si uno está pensando cómo se camina.

Anoche me soñé que estaba en un campo de Corea del Norte, que yo iba caminando a la salida haciéndome el más normal y no sabía cómo, pero nadie notaba que yo no tenía los ojos achinados. La salida era larguísima y yo iba sin camisa, todo blanco como la leche y medio flaco y ahí todos eran gordos, como los luchadores de sumo.

No llegué a la salida porque Mila me despertó para tomar pastillas, pero desperté riendo de la loquera.

Seguimos para adelante con la ayuda de Dios un segundo a la vez. Que estén excelente.

EL MENSAJE Y NO EL MENSAJERO

*** Escrito el jueves 08 de febrero, 2018 a la 01:18 p.m desde mi casa.**

¡Hola! Hace días que no escribía nada, pero tengo varias cosas que tengo que compartir.

Entre tantos mensajes de cariño y amor, tan sinceros e importantes, me llegaron algunos que me preocupan un poquito. Eso de *"que fe, Minor"* o *"que bárbaro que positivo"*, entre otros me preocupó un poco, porque solo Dios sabe el montón de veces que me he quebrado y aquí en la tierra, que lo diga Mila.

Lo que les dije del mensajero versus el mensaje es algo a considerar literalmente.

Este proceso ha sido un cambio fuerte, yo la peleo durísimo para estar positivo y a Dios le pido que me de fe, pero no soy yo.

Siendo sincero en cuidados intensivos yo varias veces sentí que no podía más y me deje ir, no fue una, fueron varias, Dios se apiadó de mí y fue quien continuó, pero yo como *"Minor"*, soy una *"cosita"* como Mila decía.

A todos nos pasa a veces, yo antes decía, que prefería ir a misa a tal lugar, porque el Padre era "más así o menos asá". Mientras estaba internado, una amiga nos compartió un mensaje de la Iglesia Cristiana en Heredia y el pastor decía lo mismo, que las personas están siempre buscando seguir al pastor, al sacerdote, al que tiene carisma, al que habla o escribe bonito. El enfoque al mensajero.

Recuerdo hace años, cuando aún estaba en la Universidad, que estaba viendo televisión, más bien, pasando canales y llegué a *"History Channel"*. Ahí veo que un avión le disparó a otro y mató a dos japoneses. Con la boca abierta me quedé, viendo como decían solo cosas del *"valor"* del piloto que los mató, porque era un héroe. Claro, yo no vi el inicio, entonces no me pudieron *"meter la idea"* de lo increíble que fue el héroe (el mensajero) y solo vi el mensaje: dos personas asesinadas.

Por ahora, sigo pensando qué voy a hacer con esta otra oportunidad que he tenido en estos días, sin preocuparme por lo que vendrá. ¿Cómo les comunico lo que estoy pasando de manera que les ayude en su diario vivir, sin que el enfoque se distorsione o se centre en mí? Diay, solo se me ocurre ser sincero.

A algunos les he contado. Si en algún momento, ven, en mí, un poco de ego, soberbia... más aún ahora, que tengo que corregir mi jorobada postura, si eso los confunde con algo que no soy, ni puedo fingir ser, les digo, yo voy a estar viendo al *"Minor"*, en la cama #26 del cuarto piso, vestido con la bata rosada, que me pusieron en el hospital, acostado en posición fetal, con un par de vías intravenosas en el brazo, mientras le hacen un tacto rectal.

Yo sé lo dije a la doctora: - *"Doc, la próxima vez que me sienta muy fino en un carro, estrenando ropa o lo que sea, me voy a acordar de esto"*.

Qué tonto se ve el orgullo después de eso, o después de que me tuve que bañar con dos bolsas de suero en el cuello y solo mangueras, ahí en los baños del Hospital México, llorando porque me costaba comprender.

Lo que escribí era y es, un grito interno desesperado, por todo el *"detrás de cámaras"* que nos tocó vivir. Pero lo mío, al menos para mí, es de NO olvidar jamás. Ahora me siento tan bien, gracias a

Dios, que pareciera que fue cualquier cosita. La recuperación va muy bien, ya camino casi bien, me levanto de la cama…

Feliz tarde, ¡que Dios los siga llenando de bendiciones!

Nota: a los que prometieron comidas, invitaciones al café… Dios mediante, en unos días, voy a empezar a *"cobrarlas"*…

PARA NUESTRAS HIJAS LUCÍA Y SOFÍA

*** Escrito el lunes 23 de febrero, 2018 a las 03:04 p.m. Un mes después de mi cirugía.**

¡Hola, princesas de mi amor! Hoy fuimos a la cita médica. La doctora nos dijo, que vamos a tener que seguir el tratamiento y que no termina aquí, pero me siento muy bien, gracias a Dios.

Chicas, **nadie puede dañarnos el espíritu que tenemos dentro**, nuestro cuerpo, el físico, es algo que puede enfermarse, incluso sin que nosotros hayamos hecho algo mal, pero el espíritu solo se enferma si nosotros lo permitimos.

Mis amores, ahorita les acabo de dar unos abrazos y unos besos tan fuertes, que ustedes quizá ahorita no los comprenden pero, cuando estén grandes, esos van a estar ahí con ustedes en sus espíritus. Este amor tan grande, que les tengo, no se compara con el amor que Dios nos tiene.

¡Las amo con todo mi corazón!

TENGO CÁNCER NO SIGNIFICA: ¡VOY A MORIR!

*** Escrito el 05 de marzo del 2018 a las 08:28 p.m. Durante la recuperación.**

¡Hola! Queremos contarles: estamos esperando que los oncólogos revisen mi caso, posiblemente en una o dos semanas, lo cual es genial porque me da tiempo para ponerme en forma con las terapias. Tipo barbie...

Si uno dice tengo cáncer no significa *"me voy a morir"*, no es para arrugar la cara. Hasta el momento, según lo que sabemos, gracias a Dios, mi pronóstico es muy bueno. Cada caso es diferente.

Yo me siento, gracias a Dios, exageradamente bien, no me duele nada y la pierna con la terapia ha ido mejorando muchísimo.

Vieran los casos que he visto ahí, en CENARE (Centro Nacional de Rehabilitación), si les contara. Ahí dice uno, yo no tengo nada, esto ha sido como una gripe hasta el momento. Me mandan a terapia en Neurocirugía y los casos son muy comprometidos. Se le salen las lágrimas a uno haciendo bicicleta. Incluso ahí soy el único que hace bicicleta.

Pero solo uno mismo se puede lastimar su espíritu. El cuerpo se lo pueden dejar mutilado sin *"comprar números para la rifa"*, pero el espíritu es decisión propia.

Vacilando, digo que me he vuelto un *"imán de testimonios"*, incluso salgo a caminar y las personas me paran en la calle a contarme sus historias. Incluso personas, que solo conocía de vista, me han confiando muchos dolores y luchas sumamente íntimos.

Si ustedes saben de alguien con cáncer o sano, que necesite alguien para conversar, le pasan mi contacto. Hay mucha gente, especialmente en esto, que no tiene el apoyo o no saben cómo buscarlo.

¡Buenas noches a todos!

CUANDO LOGRÉ BAJAR 9 KILOS

*** Escrito el 12 de abril del 2018 a las 8:53 a.m.**

¡Hola¡ Les cuento que hoy tengo 9 kilos menos y más energía que nunca en mi vida. Mañana y el sábado tengo exámenes médicos para verificar el proceso.

La alimentación sana y el ejercicio son para todos, especialmente en mi caso, para ayudar en el tratamiento del cáncer (mi granito de arena). Aquí, en Costa Rica, he visto que los profesionales privados buscan mantenerse independientes. Pero Oncología, Neurocirugía, Terapia Física y Nutrición deberían estar juntos, especialmente en investigación, como sí pasa en otros países. Tengo que esperar en la Caja Costarricense del Seguro Social a ver cómo me va.

La cosa es que, si esto resulta, después cuento los detalles del proceso pero, al menos de momento, me siento increíblemente bien. ¡Gracias a Dios!

ANTES DE INICIAR MI TRATAMIENTO DE RADIOTERAPIA

* Escrito el 26 de abril del 2018 a las 04:21 p.m.

¡Hola! Quería contarles que mañana empiezo el tratamiento de radioterapia. Estoy listo espiritual, mental y físicamente; me siento preparado, pero solo Dios sabrá.

El chequeo anual del otro día confirmó que estoy como me siento. Nunca me había hecho exámenes de sangre con resultados óptimos.

Han visto la película *"Cars"*, en la parte en que el *"Rayo Mcqueen"* se dice a sí mismo, antes de la carrera: *"soy veloz, soy un ganador"*. Eso es una analogía a mi auto-terapia espiritual antes de entrar a nadar, correr, andar en bici o ahora con la radioterapia, solo que dice así: *"Aunque pase por un valle de sombras, no temeré, porque Tú estás conmigo"*.

Me hicieron cuatro resonancias magnéticas y confirman que no hay metástasis, tampoco dicen nada de la parte del tumor que me dejaron, porque me habían sacado solo una parte (supuestamente). Tengo pendiente revisarlos con el especialista, pero, de momento, vamos muy bien gracias a Dios.

Les pido que nos tengan en sus oraciones. Nosotros como familia lo necesitamos mucho.

¡Que Dios los llene de bendiciones!

ESTOY LIMPIO DEL CÁNCER

*** Escrito el 27 de abril del 2018 a las 03:55 p.m**

¿Cómo están? Pues les queremos compartir algo, ¡nos estalla el corazón de felicidad! El "*pedazo*"* de tumor, que la doctora me había dejado, YA NO ESTÁ. Yo recuerdo perfectamente que me dijo: "*No pudimos extraer el 100% porque estaba pegado a las raíces nerviosas*".

Gracias a Dios, no está. Eso me suena a que ¡Ya no tengo el cáncer, gracias a Dios!

Igual tendré que pasar por todo el tratamiento, de eso si no me pude salvar. Hoy fue el "*tag de simulación*" y me hicieron tres pequeños tatuajes en mi estómago, son unos puntos que marcan exactamente donde la máquina debe centrarse. Según nos habían dicho, igual seguiré en control por 15 años, pero al menos hoy hablé con el especialista y estoy limpio.

La radioterapia se realizará con la resonancia, que hicieron para el diagnóstico hace tres meses, porque en las cuatro resonancias, que me hicieron la semana pasada, simplemente no está el tumor, gracias a la bendición de mis doctores y principalmente de Dios.

Estoy TOTALMENTE SEGURO QUE FUE DIOS. El programa de nutrición con la dieta cetogénica, que seguí y el ejercicio, que hago, ayudó, pero estoy totalmente seguro que fue Dios. Igual, pues nunca se sabe y siempre puede volver, pero al menos ¡HOY,

ESTOY SANO! Vamos un segundo a la vez.

Gracias por su oraciones y buenos deseos. No saben lo importantes que son para nosotros.

* *Aclaración*: hace poco, "*mi*" neurocirujana favorita, me explicó que no era "*un pedazo*", sino más bien, partículas microscópicas, adheridas a mis nervios.

Dejé el mensaje igual como lo envié a mi familia, para que puedan ver que durante esos momentos, le "*pellizqué*" esperanza a cada oportunidad que pude.

CAMBIA TODO CAMBIA

* **Escrito el 28 de mayo del 2018 a las 09:37 a.m. Desde una piscina.**

Hoy ha sido un día, que se puede usar como la típica analogía de la vida, en pequeñito. No tenía electricidad en la casa, estoy sin carro, no me suena seguro ir en bus a San José con la computadora, en fin, no podía trabajar y sentía mucha presión, porque el viernes tampoco pude trabajar, debido a las citas en el hospital.

Mientras la cosa se veía oscura, me dio por preguntar en un *"club"*, que está por mi casa, y resultó que tenían un pase de un día. Pasé de ver el escenario sumamente negativo en la mañana a estar sentado al lado de una piscina… Así es la vida.

Un día (un mes, un año) viene el cáncer, nos ponen a despedirnos de los seres que más amamos y al otro, Dios nos tiene *"llevándola suave"* y hasta pidiendo gustos. Cuando uno está en el medio del maremoto, es donde hay que tener calma, aunque cuesta, pero ahí es donde hay que ponerle a Dios lo que no podemos hacer.

EL CÁNCER DESDE LOS OJOS DEL PACIENTE

*** Escrito en octubre del 2018, para el Grupo Neuro-Oncológico y Base de Cráneo.**

Mi nombre es Minor Solís Chavarría, tengo 37 años. Fui diagnosticado con un tumor llamado *"Ependimoma mixopapilar"* en mi médula a inicios de este año. Me lo extrajeron con cirugía y me aplicaron radioterapia. Hace siete meses no podía caminar bien pero, hoy en día, hago carreras de atletismo y ciclismo.

Tenemos mucha información científica y médica a la mano, pero yo quiero compartirles un tema diferente. Quiero esforzarme para darles una visión humana de mi experiencia, tanto para las personas, que están pasando por la enfermedad, como para sus familiares y, quizá también, para los ángeles en medicina que nos salvan la vida diariamente.

El impacto del diagnóstico

Cuando ingresé a emergencias en el Hospital México, el 18 de Enero de este año 2018, tenía una resonancia magnética, que me confirmaba el tumor y su ubicación. Recuerdo que no entendía ni la diferencia entre tumor y cáncer, sin embargo, me explicaron en detalle el procedimiento que me harían.

Al saber que me enfrentaba a la posibilidad de morir, me quebré en miles de pedazos en la cama de hospital. Sumado a eso, me descompensé al intentar llegar al baño. Física y emocionalmente estaba destrozado.

El proceso de duelo y tristeza es muy profundo para las personas que están siendo diagnosticadas y sus familias. Es importante que podamos darles amor y apoyo en esos momentos. Ellos necesitan saber que cuentan con un amor incondicional a su lado y, además, necesitan esperanza, no ideas complejas, sino amor y apoyo incondicional.

La necesidad de esperanza

A nosotros los pacientes, nos explican, incluso varias veces, los procedimientos y los riesgos. Sin embargo, en esos momentos, también es importante saber que no somos los únicos y, sobre todo, que hay otras personas que lo han padecido y han salido de ahí. Cuando se habla del cáncer en reuniones sociales, siempre se menciona a la persona que murió.

Se brindan toda clase de detalles de lo fuerte que fue su enfermedad o su sufrimiento. Pero, por cada caso así, hay muchos más que sobreviven, pero de esos no se habla. Ellos no llaman tanto la atención o no son vistos con tanto interés. Pero somos miles y, cada día, más.

La esperanza nos ayuda a tener una mejor perspectiva de la vida y el tiempo que estamos viviendo. En esos primeros momentos, no hay visión a futuro. Recuerdo que, al inicio, me daba miedo pensar en el futuro e imaginar a nuestras hijas sin su papá. Por eso dependía mucho de cualquiera de las personas, que trabajaba en el hospital, y de sus palabras. Yo me esforzaba en succionar toda la esperanza que podía de sus palabras y actitudes hacia mí. Solo quien está ahí sabe lo importante que es escuchar un *"tranquilo, todo va a salir bien"*, que venga del corazón.

Suena titánico pedir, a una persona que trabaja en el hospital, que además de salvarnos la vida, también nos dé esperanza. Ellos cargan con todos los problemas administrativos y médicos que ahí se dan. Además, tienen que lidiar con pacientes y familiares desesperados o irrespetuosos cada día.

La estabilidad emocional de quienes nos atienden

Voy a subir un escalón para que pensemos en quienes nos atienden. En los doctores, enfermeros, cocineros, encargados de limpieza y demás, que se esfuerzan cada día por hacer su trabajo de la mejor manera.

Hay administrativos tomando decisiones, que los afectan a ellos, y, por ende, a nosotros directamente. No podemos hacernos ciegos a esas noticias de pensionados millonarios, nombramientos a dedo o concursos internos fingidos, mientras los profesionales, que han llegado ahí por mérito, cargan con eso y, además, con las preocupaciones propias de sus familias y sus vidas.

Todos tenemos la responsabilidad de apoyar y hacer lo que esté a nuestro alcance para defender a quienes están ahí adentro, salvando vidas.

¿Cómo hacer crecer la esperanza sin depender de otros?

Busquen un buen "*por qué*" para los que quieren salir de esa situación, si Dios así lo permite. Si lo encuentran, el "*cómo*" será más simple. Si están luchando en este momento y su familia les dio la espalda; si los doctores no ven mucha esperanza, busquen ustedes un "*por qué*" o un "*para qué*". Cuando lo encuentren, aférrense a eso con todas sus fuerzas y acepten la voluntad de Dios.

Además, pongan en orden sus prioridades de vida. Si son creyentes y Dios estaba muy abajo en su lista de prioridades, no pasa nada, Dios siempre nos recibe con los brazos abiertos de nuevo. Si no son creyentes, busquen en su corazón y sientan su espíritu. La enfermedad nos puede dejar el cuerpo destrozado, pero el espíritu solo lo tocamos nosotros.

No se confundan, con la mente no se puede salir de ahí. En una situación de vida o muerte, la mente es lo primero que los va a engañar, es muy débil y yo diría que hasta cobarde. Si yo hubiera confiado en ella, habría muerto antes de la cirugía porque no tenía muchas esperanzas. Es nuestra espiritualidad quien nos levanta de ahí.

Busquemos los pilares de nuestra vida

Mi familia, nuestros amigos y muchas personas (incluso desconocidas) se unieron para orar por mí mientras pasé por esa situación. Hoy en día, aunque han pasado pocos meses, cuando discuto por cualquier tonteria con mi esposa, me retumban estas palabras: *"acuérdate de quién estaba ahí a tu lado"*…

Tuve la bendición de tener familiares, amigos, compañeros de trabajo, personas de todas las religiones, que se enteraron de mi caso, por un *"amigo del amigo"* y que se unieron para apoyarme con sus pensamientos, sentimientos y oraciones. Ese amor es real, yo lo sentí. Vi el caso de un compañero, en el cual sus familiares se enteraron que estaba pasando por la enfermedad mediante las redes sociales.

Hay pacientes que se aislan. Pídanle fuerzas a Dios para no tener miedo y no tener que esconderse. Si son familiares de un paciente, no susurren entre ustedes. Regalen bondad y transparencia.

Yo, por ejemplo, le escribí a mi familia todo lo que sentía y vivía en el hospital y ellos se identificaron con mi situación. Así que busquen los pilares en su vida, no se queden escondidos, pensando que, quizá, nadie los comprenderá. Hablen, escriban, lloren cuando sea necesario. No guarden el dolor ni la tristeza, porque en medio de la enfermedad, no se puede engañar a nadie.

Intentemos tomar las situaciones con humor

No tenía ni tres horas de estar internado en emergencias,

cuando me pasaron a un salón y me dijeron "acuéstese ahí". La doctora me acomodó y me hizo un tacto rectal… Que cosa más incómoda por Dios. Una parte de mí pensó: "*así es como lo reciben a uno aquí, no me preguntó ni el nombre*"…

Después, en los baños de Neurocirugía, recuerdo que no sabía por donde salía el agua caliente, había dos llaves pero nunca entendí por qué por ambas salía agua fría y caliente. Cuando iba a bañarme, siempre venía el golpe de agua fría y no tenía fuerzas para quitarme del chorro, sin embargo, eso también me lo tomaba con humor y fantaseaba imaginándome los pensamientos de quien hizo la instalación. De esa manera, me reía a carcajadas solo en el baño, en una situación que quizá pudo hacerme llorar sin parar.

Me pasaron miles de historias pero aprendí que cuando, las tomamos una con humor, la siguiente tiende a ser más simple verla de esa forma y, así, se va desarrollando un "*músculo*", que nos vuelve más ágiles, porque vemos las situaciones y reducimos mucho la preocupación (que no sirve de nada).

Mientras una parte de mí pudo pensar que perdí mucho tiempo internado, porque yo antes trabajaba como loco; otra parte de mí se esforzó por verlo como unas vacaciones.

Y si la historia no tiene final feliz

Mientras leen esto pueden pensar que quizá yo digo esto porque a mí me "*ha ido bien*". Pero no es así. La noche antes de mi cirugía, la pasé despierto de dolor por las vías, sufrí mucho física y emocionalmente. Hice lo que pude por despedirme de las personas que amaba.

Al amanecer, sentí una fuerza enorme en mi corazón, yo digo que fue Dios. Después de ahí todo fue tranquilidad para mí. Me sentí en paz y listo para irme. Como en las películas, después de caer la bomba, todo queda en silencio.

Esa mañana me levanté, me bañé y me pusieron en la camilla,

pero en ese trayecto hasta el quirófano, experimenté una felicidad y un desprendimiento, que incluso hoy en día anhelo.

Me pude despegar del mundo y decir de corazón: Señor, que se haga tu voluntad. Tal vez lo viví así, porque siempre fui meticuloso y calculador, siempre planeé hasta el último detalle y carecía de esperanza para confiar en el azar. Pero ese día, sentí una verdadera liberación.

Busquen ese momento en sus vidas, en sus enfermedades o en sus problemas. Busquen el momento, en el cual puedan darle a Dios la posibilidad de ser Dios. No se dejen engañar por la cabeza.

A vivir el día de hoy, lo demás se resolverá

Vivan hoy, porque mañana no tiene sentido, aún no ha llegado. Si ahorita están en el hospital, disfruten (como si fuera el último) ese pan con queso de la tarde o ese almuerzo del medio día. Vean por las ventanas, observen esos carros, ahí adentro van muchas personas apuradas y algunas no se han dado cuenta que pueden llegar a morir.

Aprovechen esta situación de vida y disfruten lo que puedan. En manos de Dios está el futuro, no de ustedes. Si salen de ahí, no olviden. Un profesor mío decía que, en la vida, tenemos permiso de pecar de todo, menos de malagradecidos. No olviden a quienes los ayudaron, no olviden el amor que les regalaron.

Yo pensaba que lo mejor en la vida era vivir un "*perfil bajo*". Sin hacerse notar, sin embargo, he escrito esto, mi historia y hasta participé en un programa porque creo que es mi responsabilidad no olvidar, hacer lo que pueda por los demás y regalar amor.

No olviden que la vida es frágil y que tenemos el deber de valorarla. No olviden que debemos brindar amor, porque en nuestro último día, solo eso va a importar: cuánto amor dimos.

Les dejo el consejo que me dieron a mí: **manténganse positivos**

porque eso les sube las defensas.

LAS "CASUALIDADES"

* 17 de diciembre del 2018 a las 3:27 a.m.. Desde un hotel en Estados Unidos.

Ahorita son las 3:27 a.m. y no puedo dormir pensando en las *"casualidades"*, que nos han pasado. No creo en ellas porque me han pasado tantas, que sería tonto decir que algo es *"aleatorio"* cuando pasa a cada rato.

La primera casualidad importante que recuerdo fue cuando me dijeron, que tuve *"suerte"* cuando me inflamé la espalda, porque así nos dimos cuenta a tiempo del tumor.

Hace un par de semanas estábamos en cita en radioterapia del Hospital México. Yo, ahora, estoy tomando el agua que debo cada día, entonces tengo que orinar seguido. Voy a los baños y cerrados por limpieza. ¡Ups!, ya no aguantaba. En eso llega otro muchacho, su nombre es Miguel, como de mi edad, igualito, no aguantábamos...

La cosa es que nos fuimos para los de adentro de radioterapia. Como él estaba aún en tratamiento pudimos pasar.
Salimos del baño a la vez y me empieza a decirme que casi no llegamos, en mi caso por tomar agua y, en el caso de él, por la enfermedad. Ambos con tumores primarios del sistema nervioso central, pero el de él fue en el cerebro y eso le afectó el control de orina.

Bueno, resulta que no llegaba mi expediente y, literalmente, fui el único de toda la sala, por lo tanto, de nuevo, de *"casualidad"* el muchacho y su mamá se sentaron al lado de nosotros y hablamos de nuestras historias.

Él tenía tres días de haber empezado la radioterapia. Estoy seguro que Dios me puso ahí para hablar con él y su mamá de cómo me fue a mí, porque vi su interés increíble en saber más. Le dije solo la verdad, yo no sentí nada, salvo algunas cosillas que le compartí.

Hasta ahí yo decía, ¡ah! Ya entendí la movida, retrasaron el expediente para que hablara yo con él... Pero la cosa, quizá, fue al revés.

Mientras conversábamos, me contó con lujo de detalles su experiencia y empezó a decir cosas que me hicieron poner atención y querer saber más y más.

Resulta que, a pocos, les he contado algunos detalles muy personales de la cirugía, hasta medio *"paranormales"*... Bueno, el compañero me contó que, durante su cirugía, vio algo que parecía una capilla, que estaba llena de flores y había mucha paz. Había un niño que le acariciaba el brazo.
Haciendo la historia larga corta, cuando le contó al doctor, que había visto eso, le contaron que él falleció por unos momentos durante la cirugía y Dios lo mandó de vuelta... Así como que lo devolvieron en la *"migración"* del cielo.

Después de contar lo del niño, me dijo que se enteró que él tuvo un hermanito que falleció antes de nacer, pero que no se lo habían dicho antes.

Las cosas, que más me impactaron, fue que usó las palabras que yo tenía muy guardadas dentro de mí. Por ejemplo, yo tengo una imagen grabada de los ojos de la anestesióloga que me ayudó. Y él usó las mismas palabras con que yo los describo y lo mismo, que me he dicho muchas veces, eran unos ojos hermosos.

La paz que me describió fue igualita a la que yo sentí, contar cómo fue es algo que me he reservado para mí y Mila porque es algo muy personal, pero él me habló con mis palabras, es decir, con las mismas palabras con las que me he hablado a mí mismo en mi cerebro.

Hoy ha pasado ya tiempo de eso, de hecho, me pasó que, estábamos comprando unas cosas y estábamos a punto de llegar a la caja de un almacén, cuando recordé que ocupaba algo más, entonces fui corriendo a traerlo. Mientras corría, me vi como en cámara lenta y me entristecí viendo cómo me preocupo ahora por tonterías.

Ya para rematar, ¿adivinen quién estuvo en el mismo piso y en el mismo salón internado que yo? Correcto y en las mismas camas de la ventana por cierto.

No puedo dormir porque sé que a mi me toca poner *"la chispa"* para encender el fuego, pero el carbón lo pone cada uno. La chispa se necesita para que arda el fuego, pero si uno mismo no pone el carbón, pues por más chispa, hasta ahí llega el asunto. Igual aunque ya casi no entro a fb, es como un mal necesario para poner la *"chispita"*, ¡hagan que encienda!

¡Feliz día!

PERDONAR 7 VECES 7

*** 25 de enero del 2019 a las 9:58 a.m. Después de unos incidentes *"poco usuales"*.**

Anoche vivimos algo poco usual (*gracias a Dios*). Íbamos saliendo de nuestra casa en el carro con nuestras hijas y, tapando la salida, estaban las vacas, que han estado haciendo daños en nuestra propiedad desde hace tiempo.

Mientras intentábamos pasar con el carro, me encontré al dueño del ganado, un vecino, al cual, se le ha hablado muchas veces al respecto, pero que no tiene interés en solucionar el problema.

Es imposible contener la frustración ante algo así. Imaginen que alguien simplemente dañe su casa y sus bienes, sin tomar en cuenta que ha puesto en peligro, varias veces, a las personas.

Sin embargo, por más que se le hable, no muestra interés. Más bien en vez de preocuparse, solo brinda excusas o trata de salir airoso de la conversación diciendo que seguro no fueron sus vacas…

Después de mi experiencia en el hospital, he tomado la firme decisión de *"humanizarme"*, es decir, en vez de juzgarlo, ponerme en sus zapatos, y no hacer el mal, aunque me lo hagan a mí.

Vamos a ver cómo me va con eso, pero es mi decisión y mi lucha.

Hace dos semanas fui a buscarlo personalmente a su casa para ofrecerle ayuda, incluso costear lo que fuera necesario para arreglar las cercas, pero él simplemente no salió de su casa. Me ignora y no tiene el menor interés.

Hago toda esta introducción, no para contarles mi vida privada, ni tampoco para compartirles mi frustración, menos para hacer el famoso *"quéjese aquí"*, sino para analizar el significado de la frase: **"Perdonar 7 veces 7"**.

Me di cuenta que tenía mal el concepto. Anoche, como íbamos con nuestras hijas, me tocó explicarles que, cuando alguien nos hace un mal, tenemos el derecho y el deber de defendernos. Yo no me he defendido. Me di cuenta que estaba diciendo una cosa y haciendo otra.

Quiero compartirles esta idea, porque la vida no siempre es color de rosa y problemas vendrán en el camino. Defenderse no significa maltratar, ni tampoco devolver el mal con mal. No estamos en la edad de piedra ni en los tiempos de Moisés, para eso hay entidades y leyes.

Yo permití que el ganado destruyera cosas de nuestra propiedad por mucho tiempo. Este problema tiene años y siempre ha sido así. Yo nunca he deseado plantear una denuncia, porque el señor es un adulto mayor y sé que las leyes de bienestar animal son rudas.

Yo pensaba que **perdonar 7 veces 7** era dejar que nos hicieran daño, solo por no afectar al señor. Pero conversar a los ojos con nuestra hija mayor, me hizo ver que estaba en un grave error. Sin quererlo, le estaba diciendo erróneamente, con mi ejemplo, que cuando alguien intentara maltratarla, ella no debía hacer nada por no afectar al abusador.

Perdonar 7 veces 7 significa que en mi corazón no hay rencor, ni siquiera me interesan los daños que ha hecho, más bien sigo dispuesto a ayudarlo. Pero actuar depende de nosotros. De nadie más...

Aunque no me gustan los problemas ni mucho menos afectar a nadie, es mi deber actuar antes de que el ganado termine lastimando a una persona. Actuar solo significa poner la denuncia en SENASA (Servicio Nacional de Salud Animal). No he querido hacerlo porque sé que tendrá repercusiones importantes para él, pero me ha dejado claro que solo así escuchará. Ya le hemos dado tantas oportunidades que una más está bien solo por su contexto específico, pero, por desgracia y a pesar de todo, me parece que voy a tener que denunciarlo.

En fin, ojalá sirva esta oportunidad de cambiar algo que es feo para nosotros en algo bueno, usándolo de ejemplo para expresarles lo que aprendí de la experiencia y sobretodo lo importante que es, para nosotros como padres, de educar a nuestros hijos con el ejemplo.

Tenemos que pedirle a Dios que nos ilumine para no aceptar la sumisión como un estilo de vida. El "bien", en un ambiente de violencia, no puede germinar.

Que ***Perdonar 7 veces 7*** no sea la llave mágica de acceso a la maldad de los demás. Sin importar si es un joven, un adulto, un presidente, un religioso…

"Mi libertad termina donde inicia la de alguien más"

LA HIPÓTESIS DE UN ESCÉPTICO

Para quienes hemos estado en un hospital internados, sabemos que después de unos días, se da un efecto muy interesante, la vestimenta no importa.

Es similar a lo que pasa en la playa, ahí todos estamos medio desnudos y a nadie le importa, pero si anduvieramos vestidos así en plena cuidad, nos meterían a la cárcel por exhibicionistas. En el hospital, es algo tan hermoso ver que no importa en lo más mínimo, porque prácticamente todos los doctores, enfermeros y compañeros nos han visto el trasero. A nadie le interesa realmente.

Así me he desnudado con este ejercicio. Y así he luchado por hacerlo, incluso mostrándoles este artículo, que escribí cuando era un escéptico, aunque yo quería creer. Antes de que todo esto sucediera.

Pero pensaba que la ciencia estaba por encima de todo eso, que yo llamaba despectivamente: *"creencias de personas débiles mental y emocionalmente"*. Me avergüenza la soberbia que me hacía pensar así.

Este artículo es el que menos importancia tiene para mí hoy en día, pero igual se los quiero compartir, primero porque estoy siendo totalmente sincero; y segundo, porque no se trata de pintar una imagen de *"San Minor"*, cuando, en realidad, la mayor parte de mi vida, la he pasado en la inconsciencia y la ignorancia.

Uno nunca sabe, puede que alguien llegó hasta aquí, como ese "*meme*" de Michael Jackson (q.d.D.g.) con las palomitas y, de repente, aunque no conectó con mi historia actual, conecte con mi historia pasada.

El lenguaje que usé es grueso y duro de tragar. Muy "*técnico*", según yo. Especialmente para quienes me conocen, si los aburre, les doy permiso de que lo ignoren.

UNIVERSO CIENTÍFICO Y LAS CREENCIAS ESPIRITUALES

*** Escrito el 08 de abril del 2014. Mi intento por buscarle una explicación a Dios.**

En una frase: Sin la presencia del cuerpo físico, todo ser puede desplazarse a la velocidad de la luz.

Resumen: *"La unión entre el universo conocido científicamente y las creencias espirituales se da durante la concepción de un ser vivo y durante su muerte, entre otros".*

Toda la energía contenida dentro del ser vivo abandona el cuerpo en forma de luz y viaja por el universo a la máxima velocidad alcanzable. Al desplazarse a la velocidad de la luz, se produce una dilatación del tiempo en la tierra como la conocemos, por lo tanto, cientos de años terrestres son horas o días en la percepción de dicha luz [1].

Descripción detallada

Existe una unión entre el universo, que conocemos científicamente, y el expresado por las diferentes creencias espirituales en el mundo.

Aún hoy, todas las principales religiones a nivel mundial difieren en que, después de la muerte, acaba todo. Así mismo, todas estas coinciden en el desplazamiento de la esencia misma del ser vivo hacia distintos espacios y/o tiempos.

"Mientras toda imaginación fracasa ante la muerte, la Iglesia, adoctrinada por la divina revelación, afirma que el hombre ha sido creado por Dios para un destino feliz que sobrepasa las fronteras de la mísera vida terrestre"[2].

Para recorrer el universo científico, necesitaríamos alcanzar la velocidad de la luz. Según la teoría de la relatividad especial[3], la velocidad de la luz es la máxima a la que se puede viajar. Por lo tanto, al alcanzarla, el tiempo transcurrido en la tierra se vuelve considerablemente mayor. Es decir, mientras la luz se desplaza, el tiempo transcurrido será de unos instantes, mientras que, en la tierra, será de años.

En esta hipótesis, estoy planteando que los seres vivos podrían alcanzar la velocidad de luz: paradójicamente, después de morir o antes de vivir.

A pesar de las teorías, que se han formulado intentando explicar el *"peso del alma"* en los seres vivos[4], lo cual, pondría al alma como un elemento adicional a la masa corporal, esta hipótesis la considera más como una forma de luz o energía.

La característica más importante para lograr alcanzar la velocidad de la luz, es eliminar completamente la fuerza de fricción[5], por lo tanto, en vez de considerar un peso para el alma, se considera que, cuando el alma abandona el cuerpo, se da una liberación de energía, que, a su vez, produce un espectro de luz.

De esta manera, la misma luz, que es introducida durante la concepción en el ser vivo, es abandonada del cuerpo y adquiere la capacidad de desplazarse por el universo.

Simplificación del modelo de universo conocido científicamente

Para la consideración de esta hipótesis, estoy tomando en cuenta que el universo es infinito. Además, que, las formas de vida como las conocemos, pueden variar y que no todo el universo tiene la estructura, que hemos logrado observar científicamente, hasta el día de hoy.

Es decir, que podrían existir partes de nuestro universo, en donde los elementos no se rigen por las mismas leyes físicas, que ahora conocemos.

Sin embargo, esta hipótesis hace un planteamiento, que sería aplicable en ambos casos.

Simplificación de la percepción de acontecimientos después de la muerte (Universo espiritual).

Las más importantes creencias espirituales en todo el mundo, coinciden en que se producen diferentes acciones después de la muerte, las cuales convergen en un desplazamiento espiritual de esa "energía invisible" que nos mantiene vivos.

Ya sea la percepción de regresar a otro cuerpo en esta tierra o bien de mudar nuestra alma a un lugar especial y sin "gravedad", el enigma científico, que plantean los acontecimientos después de la muerte, se toman para esta hipótesis como la resolución de que, efectivamente, existe una acción después de la muerte y que esa acción es un desplazamiento de luz.

Formas de estudio e investigación iniciales

El primer problema, que tenemos para investigar esta hipótesis, es el planteamiento inicial. Es decir, la concepción y la muerte son escenarios especialmente sensibles en todas las sociedades del mundo.

Por lo tanto, realizar investigaciones en dichos acontecimientos resultaría especialmente difícil, sin tomar en cuenta, una lista sin fin de problemas legales, que se podrían suscitar.

Sin embargo, hay un campo de investigación, que podría iniciar el trabajo: los sueños.

Un planteamiento inicial podría preguntarse: ¿Son los sueños expresiones que no pasan del cerebro y la imaginación o podríamos tener la capacidad de desplazarnos durante estos?

Campos de investigación de la hipótesis
- Descubrimiento físico de la energía o luz contenida dentro de un ser vivo.
- Descubrimiento de la luz y su medición.
    - Relación de dicha luz con las enfermedades o capacidades especiales del ser vivo.
    - Relación de dicha luz con los sueños, los pensamientos y demás expresiones no físicas.
- Descubrimiento del instante de generación de luz en la concepción del ser vivo.
- Descubrimiento del momento en que esta ingresa en el ser vivo.
- Investigar o plantear hipótesis sobre la procedencia de dicha luz.
- Descubrimiento del desplazamiento de la luz durante la muerte del ser vivo.
- Investigar los cambios físicos generados durante la muerte tomando en cuenta esta perspectiva.

[1]Albert Einstein: Dilatación del tiempo. 1905
[2] El misterio de la muerte. De la constitución pastoral Gaudium et spes, sobre la Iglesia en el mundo actual, del Concilio Vaticano segundo (Núms. 18. 22)]
[3] Albert Einstein: La teoría especial de la relatividad. 1905.
[4] Dr. Duncan MacDougall of Haverhill, Massachusetts. 1907
[5] Concepto de inercia. Galileo Galilei (1564-1642)

CONCLUSIÓN

Cuando pasé por el hospital, le pedí desesperadamente, a Dios, que aumentara mi fe. Necesitaba creer que todo estaría mejor, sin importar lo que me fuera a pasar. Salí del hospital, me recuperé y, en las lecturas bíblicas, encontré a San Pablo solo hablar de la caridad. Yo entendía (*más o menos*) lo que significaba, pero no lo que debía hacer.

Si lo imaginamos como subir una escalera, la fe es el primer escalón. Entonces llegó San Pedro y, me dijo directamente que me faltaba mucho camino por recorrer, muchísimos escalones por subir.

Él dejó escrito: "*a la fe hay que agregarle nuestra virtud, a la virtud el conocimiento, al conocimiento la templanza, a la templanza la tenacidad, a la tenacidad la piedad, a la piedad el amor fraterno y al amor fraterno la caridad*".

La caridad es un escalón casi inalcanzable para mí. No es lo mismo que ser desprendido, la caridad es amar de verdad. Con este libro, traté de ponerme en sus zapatos y hacer algo para ayudar incondicionalmente.

Me encantaría que todas las personas llegaran a su vejez sin enfermedades crónicas. Si no fueran todos, por lo menos quienes me conocen y si no, al menos una persona. Para eso hice este esfuerzo. Me conformo con poco.

Pienso que soy parte de un plan mayor, que no conozco. Va más allá de nuestro cuerpo. Ojalá recuperemos y conservemos nuestra salud (*espiritual, emocional, mental y física*).

SOMOS LOS CAMPEONES

Siento un enorme deseo de dejarles grabado en la cabeza que no somos los *"perros flacos"*, sino como dice esa canción tan pegajosa, que ponen en las finales de los partidos de fútbol: "*¡Somos los campeones!*".

Cuando fui en bicicleta a la recreativa de la Isla Calero, el camino era ida y regreso, pero muchos ciclistas solo hacían la ida y, a medio camino, los esperaban las microbuses.

Cuando veníamos de regreso, me encontré una escena que, metafóricamente, parecía como si acababa de caer la bomba atómica: unos vomitando, otros tirados en media calle con las piernas en alto, otros se bañaban con el hidratante y no faltaron un par, a los cuales, les estaban echando viento por el trasero para revivirlos.

Recuerdo ver la escena y una voz interna me dijo: "*No es justo, porque después de soportar tanto dolor en el hospital, yo tengo una ventaja que ellos no tienen.*"

Así somos. No somos los *"pobrecitos"* como muchos creen, somos los *"campeones"*. No solamente los que hemos pasado por el hospital, sino también ustedes.

Ustedes madres, que trabajan y luchan cada día por ver crecer a sus hijos. Ustedes padres, que soportan sus *"yugos"* por amor. Ustedes hermanos en las cárceles, que sobreviven igual que nosotros en la Unidad de Cuidados Intensivos: "*un segundo a la vez*".

Ustedes amigos, que no tuvieron las oportunidades que otros sí tuvimos, pero aún así, cada día toman la decisión de luchar honradamente.

Ustedes jóvenes, que son más grandes que la presión social de aparentar. Ustedes quienes sufren, pero toman la decisión de tapar el sangrado de su corazón con amor. A ustedes que, al igual yo, han llegado a creer que no tienen esperanzas. No lo crean, sí las tienen, están dentro de ustedes mismos.

Si nos diagnosticaron médicamente (*como con el cáncer*) o por el contrario, si fuimos diagnosticados injustamente por la sociedad (*como con el pobre, el homosexual, el "tonto"...*), tenemos la responsabilidad de aprender a distinguir lo que es real de lo que no lo es. Nosotros podemos decidir con cuáles lentes queremos mirar el mundo.

Cuando terminamos mi tratamiento de radioterapia, *"mi"* oncólogo favorito (*el doctor Blanco*) me dijo:

- 	*Minitor, todo salió bien, lo malo es que te vas a quedar en control unos 15 años...*

Yo ahí tenía dos opciones: la primera era sentirme triste porque me lo dijo, quizá, pensando en que son 15 años de "pinchazos" y la segunda (*que me salió natural*) fue brincar de alegría en mi interior, porque él me estaba diciendo que viviría 15 años más... Yo, en ese tiempo, a como había vivido todo, me daba un par de años siendo muy optimista.

Un día de tantos mientras corría, empezó a sonar aleatoriamente en mis audífonos, la canción: *"We are the champions"* o *"Somos los campeones"* y me imaginé, a mí mismo, con un piano cantando en el edificio nuevo de Oncología del Hospital México, debajo de ese *hp* andamio que dejaron *"tirado"* en medio camino (*ya lo quitaron*) y gritándoles a todos con lágrimas en los ojos: *"¡weeeeeee are the champions, my friends!"*... Me imaginé así, (pegando gritos con mi voz *"angelical"*), por la rabia que siento, cuando veo un compañero que debe esconderse, por el señalamiento social, llámese cáncer, SIDA, cárcel…

Este ha sido parte de mi grito desesperado, para evitar que más personas mueran por la tristeza. ¿Han notado que en la Caja Costarricense del Seguro Social, es común que receten "crema de rosas"? Yo lo veo jocosamente, así: *¿quemadura?* use crema de rosas; *¿raspón?* use crema de rosas; *¿alergia?* use crema de rosas…

Yo soy igual, pero con **la esperanza**. Cualquiera que sea su padecimiento o su situación, use la esperanza. *¿Enfermedad?* use la esperanza. *¿Desilusión?* use la esperanza. *¿Sufrimiento?* use la esperanza…

No necesariamente, las cosas van a suceder de acuerdo con nuestros deseos, sino, según la voluntad de Dios. Vista al frente. Esa luz que sentí, antes de entrar a la cirugía, me aseguró que hay una vida mejor y más hermosa, después de nuestra muerte.

Si la voluntad de Dios es no continuar, sepan que la paz, que experimenté cuando pasé por esto, fue solo una pincelada de ella. Es real. No tengan dudas, para allá vamos todos.

A ustedes compañeros que sufren, recuerden mis palabras. No somos los "*perros flacos*", somos "*los campeones*".

ANEXOS

Enlaces en el sitio web

Coloqué los enlaces en el siguiente sitio web públicamente. De esta forma, cualquier persona, ya sea paciente, profesional de la salud o público en general, puede tenerlos a mano.

* Sitio web: http://minorsolis.com

Regalemos esperanza

La necesidad más importante que veo constantemente en el hospital, es **la esperanza**. Por eso escribí este libro. Tengo el deseo de llevar esperanza, a las todas las personas. Ya sean hospitalizadas o no.

Inicié este proyecto, con la idea de regalar los libros en los hospitales, empezando por el Hospital México en Costa Rica. Si crees que el contenido es valioso y quieres unirte a la causa, por favor escríbeme. Con sólo comprar el libro, ya ayudaste, porque el dinero aportado, será utilizado para el mismo fin.

* Email: MinorSolis@gmail.com

¡Muchas gracias!